DESATASCADO

Manual del propietario para el éxito

Dr. César Vargas

DESATASCADO
Manual del propietario para el éxito

Publicado por Veritas Invictus Publishing
8502 East Chapman Avenue # 302
Orange, California 92869
www.VeritasInvictusPublishing.com

ISBN: 978-0-9846837-4-1
Impreso en los Estados Unidos de Norteamérica
10 9 8 7 6 5 4 3 2

CONTENIDO

✦ ✦ ✦

PRÓLOGO
✦✦✦

En enero del 2011 participé en un curso sumamente confidencial sobre el éxito en los negocios para instructores de PNL en Orange County, CA. El tema del curso era cómo tener éxito en el campo de la capacitación en desarrollo personal.

Esperábamos llegar y aprender cómo realizar eventos, la forma de hacer marketing, cómo cerrar ventas y otros temas por el estilo. ¡Ni nos imaginábamos que íbamos a hacer algo mucho más especial y de mayor alcance!

Esa sensación de anticipación emocionada que siento al comienzo de cada entrenamiento, se convirtió en una visión de posibilidad y trascendencia cuando Michael, nuestro *Master Trainer*, inició la clase diciendo: "¿Quién quiere escribir un libro?"

Gracias a los principios de este libro, nosotros, los autores, hemos logrado el éxito que tenemos ahora. No hemos utilizado esta información sólo para nosotros mismos, sino que también ayudamos a transformar las vidas de otros con ella. Creo que hablo en nombre del grupo cuando digo que todos creemos que nuestro propósito es compartir esto con los demás y transformar el mundo, una persona a la vez.

Espero que esa transformación empiece contigo, mientras lees estas páginas.

Si quieres aprender más sobre cómo transformar tu vida, visita mi sitio web en **www.desatascado.com**

Dr. César Vargas

Enero del 2011
Orange County, California, Estados Unidos de América

CAPÍTULO UNO

Desatascarse

por Michael Stevenson

Si has explorado la auto-ayuda, aun desde hace poco tiempo, sé que has oído el nombre de Napoleón Hill —el "gurú" del autodesarrollo. Napoleón escribió uno de los libros más leídos de todos los tiempos, "Piense y hágase rico".

Si sólo conoces superficialmente la historia de Napoleón, podrías pensar que nació rico o positivo, o tuvo algunas ventajas que otros no tuvieron. Eso no podría estar más lejos de la verdad.

Verás, Napoleón era un simple periodista. Él era un hombre de familia, casado y con un hijo discapacitado que nació sin orejas. Ellos no eran ricos. De hecho, la vida era muy difícil en aquellos tiempos.

Andrew Carnegie, en cambio, era el hombre más rico del mundo. Había amasado una fortuna nunca vista en el mundo contemporáneo, y la construyó totalmente desde cero.

Carnegie sabía cómo había creado su propia fortuna, y tenía la idea de que si una persona entrevistara a millonarios que lograron todo por sus propios medios, se daría cuenta que habían usado los mismos principios y métodos que usó él.

Creía que si alguien entrevistaba a estas personas, podría construir un modelo de éxito que podría usar para hacerse rico, y también para enseñárselo a los demás.

Se ha estudiado mucho a las personas exitosas, y se descubrieron tres características comunes en *todas*.

1. Las personas exitosas toman muchísimas decisiones.

Las personas exitosas siempre están tomando decisiones. No las encuentras sentadas, pensando en el éxito. Están constantemente actuando y tomando decisiones que las hacen progresar. Hay una relación directa entre la cantidad de decisiones que tomas en un día y el éxito que obtienes, y Carnegie lo sabía.

2. Toman sus decisiones rápidamente.

Las personas exitosas no titubean antes de tomar decisiones. Tienen un enfoque muy activo de la vida y saben que no hay tiempo que perder. Toman decisiones casi impulsivamente, confiando en sus instintos, sin concentrarse tanto en el riesgo. De hecho, las personas exitosas siempre se arriesgan.

La diferencia de actitud entre los que tienen éxito y los que fracasan es la siguiente:

La gente fracasada pasa su vida con esta estrategia: "Prepara, apunta... apunta... apunta... apunta... apunta..." Tiene tanto miedo de no dar en el blanco (o incluso el objetivo), que en realidad nunca aprieta el gatillo. Se pasa la vida pensando en el logro de sus sueños, hasta que se da cuenta de que se le acabó el tiempo.

Por otro lado, las personas exitosas tienen este enfoque sobre la vida: "¡Prepara, FUEGO y Apunta!" Ellos se preparan, aprietan el gatillo y ven qué resultados obtienen. Luego, basándose en los resultados, hacen los ajustes necesarios y disparan de nuevo.

3. Una vez que eligen un camino, *siempre* lo siguen hasta el final.

Finalmente, las personas exitosas no se dan por vencidas. Thomas Edison, por ejemplo, falló en muchos de sus primeros intentos de inventar el foco de luz. Un periodista le preguntó una vez: "Ha fallado setecientas veces para hacer un foco, ¿cómo se siente al respecto?" Edison respondió: "No he fallado 700 veces. No he fallado ni una vez. He logrado demostrar 700 maneras en que no funciona. Cuando haya eliminado las maneras en que no va a funcionar, encontraré la que sí funcione".

Casi todos hubieran renunciado después de los primeros intentos, pensando que no eran lo suficientemente buenos. No vale la pena. No era el momento adecuado o "no estaba escrito". Edison sabía que la persistencia equivale al éxito.

Carnegie le mandó un telegrama a Napoleón Hill, pidiendo verlo en su oficina. Era un dilema, ya que Napoleón sólo tenía suficiente dinero para dos boletos de tren —uno de ida y uno de regreso. Sin embargo, sabía que si Andrew Carnegie solicitaba su presencia, debía ser importante, así que compró el boleto.

Ahora, cuando la mayoría de las personas se enfrenta a una tarea como esa, generalmente sale con algunos obstáculos. Las dos cosas principales que les impiden alcanzar sus sueños son, por supuesto, la falta de tiempo y la falta de dinero —o, por lo menos, una supuesta falta.

Y aquí viene la pregunta. Si tuvieras la oportunidad de invertir en ti mismo para descubrir la ciencia del éxito, para que al finalizar se te garantizaran (es decir, con certeza) todos los conocimientos y recursos para tener éxito en todos los ámbitos de la vida, lo harías, ¿verdad? ¡Por supuesto!

Carnegie era un hombre inteligente y quería comprobar el compromiso de Napoleón para acometer la tarea, de manera que le puso el primer obstáculo.

Él le dijo: "Napoleón, no es una tarea fácil. Probablemente significará un compromiso de 20 años. Sin embargo, le garantizo que cuando haya terminado, tendrá más recursos que cualquier otro hombre en el planeta para ser rico y exitoso."

Recuerda que la gente exitosa siempre hace tres cosas: toma muchas decisiones, las toma rápidamente, y una vez que empieza algo, siempre lo termina.

Carnegie prestó especial atención a su reacción. Entendía que el tiempo no es el único obstáculo que la gente tiene que superar. Entonces, le lanzó el segundo.

Dijo: "No sólo eso, sino que usted mismo lo tendrá que pagar. Yo no financiaré este proyecto, así que el compromiso de su tiempo y dinero van por su cuenta."

Esta no era una tarea puramente académica. El requisito de Carnegie era que el hombre que la acometiera debería aplicar en su persona los principios que él había aprendido a lo largo del camino. Y estaba seguro que si Hill lo hacía, sería millonario antes de finalizar el proceso.

Carnegie le dijo: "Le puedo prometer una cosa. Si acepta esta tarea, lo pondré en contacto con la primera de estas personas más exitosas —yo mismo. Haré los arreglos necesarios para que usted tenga acceso irrestricto y pase todo el tiempo que necesite conmigo. Después de eso, depende de usted."

"Esta es una oportunidad única en la vida. Esta es la oportunidad para acometer una tarea y aprender a crear un éxito ilimitado, e incluso enseñárselo a otros." ¿Crees que si Napoleón se hubiera permitido pensar en esos obstáculos típicos hubiera dicho que sí? ¿Crees que si hubiera dicho, "¿Y si me quedo sin dinero?" o "¿Y si no tengo tiempo?" hubiese sido exitoso alguna vez?

Si Napoleón Hill hubiera permitido que esas dudas se metieran en su mente, se habría quedado atascado en lo que llamamos "La Zona de Confort."

La Zona de Confort

La Zona de Confort es el área de la vida donde no sucede nada. Es un área en la que pasamos mucho tiempo.

Es la parte de la vida donde no todas las cosas son buenas, pero tampoco son todas malas. Un amigo mío la llama "La Tierra del sinsabor". Con frecuencia yo también la llamo, "La Zona Gris," porque es una vida poco prometedora.

La Zona de Confort incluye todo lo que hay en tu vida ahora, las cosas buenas, las no-tan-malas, y las cosas en las que preferirías no pensar.

La mayoría de la gente vive su vida aferrada a esta Zona de Confort porque, si bien su vida no es como quisiera, se ha acostumbrado a ella, o se siente cómoda así.

De hecho, se han acostumbrado tanto que cuando aparece algo mejor, frecuentemente temen salir de su Zona de Confort y pierden las oportunidades.

Pasan por la vida casi como si fueran un pinball de una máquina cósmica de juego. Como si un día, el Universo jalase del émbolo y los lanzara por un tubo hacia la vida. Rebotan en cualquier cosa que se atraviese en su camino, y siguen rebotando constantemente, haciendo mucho ruido pero sin ninguna diferencia en la dirección en la que se mueven. Por último, al final, caen hacia abajo en el negro túnel.

¡Esa no es manera de vivir la vida!

El hecho es que tienes una opción, pero tienes que ejercer esa opción para tener las cosas que deseas en la vida.

Si todas las cosas con las que sueñas estuvieran en tu Zona de Confort, ya las tendrías. Sin embargo, la realidad es que lo mejor de la vida está fuera de la Zona de Confort. Si hay algunas cosas que quieres en la vida y no las tienes ahora, tendrás que salir de la Zona de Confort para obtenerlas.

A menudo es incómodo actuar cuando no estás acostumbrado a hacerlo. Tenemos la tendencia de aferrarnos tanto a lo familiar, que a veces parece imposible salir de la Zona de Confort.

Sin embargo, puedes desarrollar el hábito —e incluso el gusto— de hacerlo, y las recompensas valen mucho la pena. Cuanto más sales de tu Zona de Confort, mejor se vuelve tu vida, y más fácil es salir.

T. Harv Eker, autor de *Secretos de la Mente Millonaria*, en realidad va más allá diciendo: "Tu riqueza es directamente proporcional a tu Zona de Confort."

Piensa en la gente más exitosa que conoces. Personas como Bill Gates, Warren Buffet, Donald Trump, Michael Jordan, Oprah Winfrey, Thomas Edison, Albert Einstein, e incluso Napoleón Hill no lograron grandes cosas jugando a lo seguro. Salieron de la Zona de Confort. Se arriesgaron, jugaron en grande, y ganaron en grande.

¿Alguna de esas personas exitosas tropezó, cayó o "fracasó"? ¡Por supuesto que sí! Y *por eso* son exitosas.

Con frecuencia digo que prefiero aprender de alguien que cometió todos los errores y ganó, que de una persona que la tuvo fácil o heredó el éxito y nunca tropezó. Los errores significan sabiduría, y a menudo son tan valiosos —o más— que los éxitos en sí.

El Problema con las Zonas de Confort

El verdadero problema con las Zonas de Confort es este: Mientras sigas haciendo lo que has hecho siempre, seguirás obteniendo los mismos resultados.

Si eres totalmente feliz en tu vida y no podrías querer nada más, deja de leer este libro —no es para ti.

Sin embargo, si quieres tener más amor, felicidad, salud, éxito, dinero y otras cosas maravillosas en tu vida, prepárate para un viaje increíble, porque los autores de este libro son expertos en crear cambios positivos.

Aprenderás maneras de cambiar tus sentimientos y tus creencias, a actuar y a salir de tu Zona de Confort en GRAN manera.

Hace más de diez años estaba atascado en mi propia Zona de Confort. De niño, siempre había querido tener una carrera ayudando a la gente. Estaba seguro que cuando creciera iba ser doctor, abogado, policía o bombero. Realmente no me importaba la profesión, siempre que tuviera que ver con ayudar o curar a la gente.

No obstante, mientras crecía, me di cuenta que el éxito en la educación era cada vez más difícil. La transición de la escuela primaria a la secundaria fue un desafío, y la de secundaria a preparatoria parecía haberme derrotado para siempre. Me esforcé y apenas lo logré. Mis sueños de ayudar a los demás parecían haberse destruido y no tenía un camino claro ni deseos de continuar mis estudios en la universidad en ese momento.

Ahora estoy seguro de que si me hubieran llevado con un psiquiatra cuando era niño, me hubiera diagnosticado TDA y problemas de aprendizaje, y me hubiera recetado alguna droga que nubla la mente como la Ritalina. Afortunadamente, eso no sucedió.

Finalmente me conformé con una carrera técnica, para la que tenía una aptitud natural, mas no me apasionaba. Si bien logré un éxito monetario en la industria del software, estaba totalmente insatisfecho y anhelando siempre un propósito mayor.

Cuando dejé de fumar en 1998, se encendió dentro de mí la chispa de la pasión. Una sencilla grabación de hipnosis que compré en la feria del condado cambió mi vida, y encontré mi propósito.

¿Me resultó incómodo alejarme de un salario de seis cifras, beneficios, un sueldo regular y un trabajo estable? Ya lo creo.

¿Me arriesgué al hacerlo? Totalmente.

¿Valió la pena el riesgo? Ciertamente.

La realidad es que, porque salí de mi Zona de Confort, nunca tendré que mirar con pesar hacía atrás, a los años que pasaron desde entonces, ni decir "Ojalá hubiera…"

Sólo tenemos una oportunidad cada día, y cada día que pasa sin hacer lo que quieres, sin tener lo que quieres y sin ser quien quieres ser, es un día desperdiciado y perdido. Debes optar por salir de tu Zona de Confort para vivir la vida que deseas.

Entonces, esta es una oportunidad única en la vida.

Cuando Napoleón escuchó atentamente a Andrew Carnegie ofreciéndole la oportunidad de asumir una tarea y aprender la forma de crear felicidad y éxito ilimitados y extremos, ¿crees que se preguntó, "¿Y si me quedo sin dinero?" o "¿Qué pasará si no tengo tiempo?" o "¿Y si fracaso?"?

Si él hubiera permitido que esos pensamientos se metieran en su mente, ¿crees que hubiera tenido alguna medida de éxito? No lo creo.

Carnegie era un hombre inteligente, y sabía que la gente exitosa toma muchas decisiones, las toma rápido, y siempre termina lo que empieza. Así que Carnegie tenía un cronómetro escondido debajo del escritorio en su regazo.

En ese momento, planteó la pregunta: "Entonces, ¿lo hará o no?" Carnegie puso en marcha el cronómetro y Napoleón Hill, sin saberlo, tenía 60 segundos para responder. Si hubiese demorado una décima de segundo más, no hubiera sido el hombre adecuado, y la oferta ya no estaría disponible.

Según se cuenta, le tomó alrededor de 29 segundos responder, y el resto es historia. Napoleón Hill efectivamente encontró los secretos del éxito y se hizo millonario, ayudando a crear otros miles de millonarios a lo largo del camino, incluso después de su muerte.

Tú tienes oportunidades como esa. La pregunta es si tomas las decisiones en el momento en que las tienes para hacer lo necesario y vivir tus sueños.

Estás leyendo este libro por una razón. No sé cuál es. No conozco los fuegos que arden dentro de ti. Sin embargo, sé que los tienes por algo y que los mereces. De eso se trata este libro.

Cuando leas este libro, recuerda las tres cosas que te harán exitoso mientras aprendes los secretos para "Desatascarte" y los pones en acción. Toma muchas decisiones, tómalas rápidamente, y termina lo que empieces.

Michael Stevenson es instructor certificado, terapeuta y coach en Orange County, California. Es el autor de *Aprende Hipnosis… ¡Ahora!*

(www.learnhypnosisnow.com) y creador de Hypnotic Trancescapes (www.trancescapes.com). Es el Presidente de Transform Destiny, Inc., donde puedes tomar sus cursos sobre éxito, motivación, hipnosis, PNL y más, en línea o en directo.

Obtén una copia gratuita del éxito editorial de Michael, Aprende Hipnosis… ¡Ahora!, cuando te suscribas a su boletín electrónico en www.transformdestiny.com/newsletter.asp.

CAPÍTULO DOS

CAUSA Y EFECTO
por Jason West

*"Cada persona crea para sí el mundo en el que elige vivir,
y sólo ella puede cambiarlo."*

- Jason West

Realidad

Desde los albores de la humanidad, los filósofos han reflexionado sobre la existencia de la realidad. ¿Estamos realmente aquí? ¿Cuál es la realidad? ¿Estoy viviendo la misma realidad que todos los demás? ¿Qué si todo lo que pensamos, vemos y sentimos es sólo un gran sueño, y estamos realmente viviendo en un estado catatónico en alguna cápsula proporcionándole energía vital a una forma de vida alienígena?...

Uy, creo que me fui por la tangente de la película Matrix por un momento, pero en realidad... ¿cómo sabemos qué es real y qué no lo es? Afortunadamente para nosotros, vivimos en una época en la que estamos haciendo nuevos descubrimientos, la era de la física cuántica, un momento en que estamos justo a punto de responder a muchas de estas preguntas sobre la vida y la existencia. En el momento de escribir estas líneas, una organización conocida como CERN en Ginebra, Suiza, estaba llevando a cabo experimentos en el acelerador de partículas más grande del mundo conocido como el Gran Colisionador de Hadrones.

Se esperaba que este experimento proporcionara pruebas del Bosón de Higgs, o "partícula de Dios", que se teoriza que sostiene toda la materia y, de hecho, el universo entero. Además de todas las respuestas que nos ha dado la física cuántica acerca de la realidad tal como la conocemos, este experimento abrió aún más misterios que todavía tenemos que resolver.

Uno de estos misterios que ha desconcertado a los científicos (y se rumoreaba incluso que confundió tanto a Einstein que estuvo a punto de abandonar el campo de la mecánica cuántica), fue el famoso experimento de la doble rendija. Si bien es demasiado complejo para explicarlo totalmente dentro de los límites de este libro, la versión muy simplificada es que los científicos disparaban electrones a través de un objeto que tenía dos rendijas recortadas. El patrón resultante de los electrones pasando a través de las rendijas, en circunstancias normales tendría cierta forma, pero cuando se observaba el proceso dejaba una forma totalmente diferente.

Lo que probó fue que el simple hecho de observar algo podría cambiar los resultados que se obtienen, a diferencia de no observarlo en absoluto. Esto hace pensar en la vieja pregunta: "Si un árbol cae en el bosque, pero no hay nadie que lo oiga, ¿hace ruido?"

Esta paradoja fascinante afecta al mundo como lo conocemos, y más importante aún, nos afecta individualmente de una manera profunda. La realidad que conocemos y con la que estamos familiarizados es nuestra realidad porque la estamos observando como tal. Hay otras realidades que no son "nuestra realidad", simplemente porque no las estamos observando. ¡Lo que plantea esto es que, de hecho, podemos cambiar nuestra realidad observando una realidad diferente!

La historia está llena de ejemplos de personas que ven su realidad de manera diferente. Echemos un vistazo a un ejemplo real: Donald Trump. Donald Trump es conocido como uno de los hombres de negocios más exitosos y más ricos de los tiempos modernos. Sin embargo, ¿sabías que él se declaró en quiebra tres veces en su vida? Ahora, para muchas personas, la quiebra es el final del juego, y normalmente abandonan y pierden su sueño, pero no Trump. Él tiene una visión diferente de la vida, y simplemente no es capaz de imaginarse de otra manera que siendo rico. Y esa se ha convertido en su realidad. Sé que si perdiera hoy todo su dinero, estaría nuevamente ganando millones en un par de años. Simplemente, así es él.

Por eso, la mayoría de las personas vivientes no progresan mucho, en términos financieros, de la forma en que crecieron —si crecen en la pobreza, es probable que pasan sus años de adulto siendo pobres; la clase media normalmente termina como clase media, y lo mismo pasa con la gente rica. Son incapaces de verse viviendo una vida diferente. Esto también explica por qué la mayoría de los ganadores de la lotería generalmente termina como estaba antes de ganarla. En sus mentes, aún se ven en la realidad que crearon originalmente para ellos.

Lo más emocionante de todo esto es lo que significa para tu vida. Si puedes cambiar la manera de ver tu realidad, literalmente puedes crearte una nueva realidad. Si cambias tu forma de ver las relaciones, puedes tener la relación que siempre has soñado. Si cambias tu forma de ver tu salud, puedes tener el cuerpo que siempre has soñado. Y lo mejor de todo, ¡si cambias tu manera de pensar acerca del dinero, puedes tener la riqueza de tus sueños!

Este es el principio rector de libro de Napoleón Hill "Piense y hágase rico", que por sí solo ha creado más millonarios que cualquier otra obra de literatura en el planeta. Pregúntale a cualquier persona rica que conozcas, y seguramente te dirá que los principios detrás de su éxito son los mismos principios mencionados en ese libro.

También es el principio rector de "El Secreto" y el movimiento de la Ley de Atracción que recientemente se ha popularizado en gran parte de la sociedad actual.

Fácil, ¿verdad? Bueno, obviamente, ¡si fuera tan fácil, todos seríamos millonarios! Eso es porque para ver las cosas de cierta manera, tenemos que creer que son de cierta manera - es fantástico decir que creemos algo, pero creerlo realmente requiere muchos cambios en nuestra forma de pensar y actitudes, en cosas en las que a menudo nos atascamos todos los días. Entonces, ¿cómo nos "desatascamos" y cambiamos nuestras creencias? Es aquí donde entra en juego el poder de la Programación Neurolingüística (PNL). Con la PNL, en realidad podemos identificar nuestras creencias y, usando sus diversas técnicas, podemos empezar a cambiarlas para poder ver la realidad como queremos verla.

El Modelo de Comunicación de la PNL

La Programación Neurolingüística (PNL) es una serie de procesos diseñados para utilizar el lenguaje básico de nuestra mente y lograr los resultados que deseamos en la vida. Fue fundada por Richard Bandler y John Grinder en los años 70, mientras estudiaban a personas exitosas en sus campos y modelaban sus comportamientos. Creían que si se emulaba el comportamiento de una persona exitosa entonces, naturalmente, se obtendrían los mismos resultados que obtiene esa persona. Crearon un sistema de técnicas que permite a las personas comprender y modelar el comportamiento de otras personas exitosas. En particular, optaron por concentrarse en el mundo de la terapia y modelaron a algunos de los terapeutas de renombre de la época como Milton Erickson, Fritz Perls y Virginia Satir, aunque los mismos procesos pueden (y son) aplicados a otros campos como ventas, la escritura, la enseñanza, etc. Para entender la PNL, es necesario entender cómo funciona nuestra mente y cómo procesa la información. Nuestra mente obtiene toda la información a través de nuestros cinco sentidos: ojos (vista), oídos (auditivo), sensaciones (kinestésico), nariz (olfativo) y boca (gustativo).

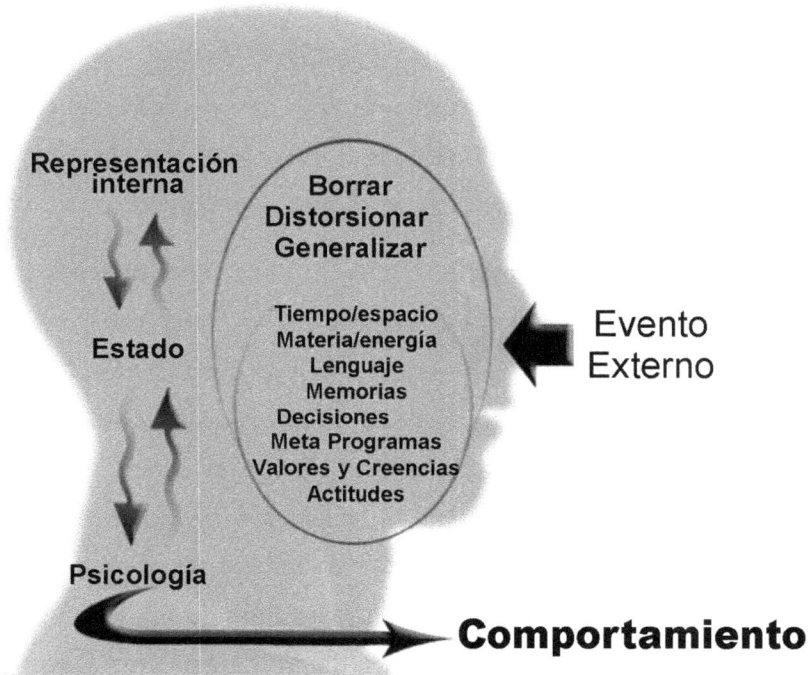

Tenemos un montón de información que entra por nuestros sentidos en un momento dado. En su libro "Flow", Mihaly Csikszentmihalyi explica cómo absorbemos aproximadamente 6 millones de bits de información por segundo. Por desgracia (o quizá por suerte) para nosotros, sólo somos capaces de procesar y asimilar 128 bits de esa información en cualquier momento dado. Eso sería el equivalente de recibir y procesar una palabra de 200 libros de tamaño medio. Esta minúscula cantidad de información que procesamos forma la realidad tal como la conocemos. Todo el resto de la información que entra por nuestros sentidos fuerza a la mente a suprimir, distorsionar y generalizar esa información para procesarla y darle sentido.

21

Cuando digo "suprimir información" quiero decir que la mente borra las cosas que sabe que no va a utilizar, como todos los números de las placas de todos los autos que te rebasan en la autopista. Tu mente elimina automáticamente el zumbido que hace la computadora. Esa información sí entró a nuestra mente, pero ésta la elimina automáticamente.

Con "distorsionar la información", quiero decir que nuestras mentes a menudo sumarán o restarán o cambiarán las cosas para que tengan sentido. Hay un interesante fenómeno conocido como efecto McGurk que ilustra muy bien esto. En él se describe cómo tu visión de algo afecta lo que escuchas. Una demostración de este efecto (se puede encontrar en YouTube buscando "Efecto McGurk") muestra a un hombre repitiendo muchas veces el sonido "Bah" Después de varias veces, él empieza a decir el sonido "Fah". Luego se explica que en el segundo corte, donde comenzó a decir "Fah", sólo se cambió esa parte del vídeo, pero no el audio para que los labios parecieran incluir el sonido "F". El hombre en realidad sigue diciendo: "Bah", aunque uno "oye" "Fah". Incluso después de ver el vídeo varias veces, todavía podría jurar que oí algo que en realidad no escuché. La distorsión es el fenómeno que provoca los recuerdos falsos de testigos que ocasionan condenas injustas. De las más de 200 condenas erróneas que luego fueron invalidadas por análisis de ADN, el 75% fueron condenados por una identificación inexacta de testigos. ¿Quién sabe cuántos miles de personas fueron erróneamente condenadas por delitos que nunca cometieron, porque la mente de alguien rechazó lo que vio en realidad?

Cuando tu mente generaliza información, la agrupa en "lotes" para captarla. Cuando manejas y ves un grupo de árboles, no ves las hojas individuales, sino más bien una masa de color verde. Cuando leemos, en realidad no prestamos atención a las palabras individuales, sino más bien a grupos de palabras que forman oraciones. Este fenómeno nos permite disfrutar de películas que parecen estar en movimiento en tiempo real, aunque, en realidad, estamos viendo imágenes individuales que pasan frente a nosotros a 24 cuadros por segundo.

Si no suprimiéramos, distorsionáramos y generalizáramos, nos volveríamos locos, literalmente. Piensa en todas las veces que has dicho que estabas mentalmente sobrecargado… ¡y luego multiplícalas por varios cientos de miles! Por supuesto que todos suprimimos, distorsionamos o generalizamos cosas diferentes, y esto es lo que nos hace únicos. En PNL, los llamamos "filtros".

Todos vemos la vida a través de diferentes filtros, que nos dan diferentes perspectivas sobre la vida tal como la conocemos. Nos dan diferentes realidades. Lo que es real para una persona puede no ser real para otra. ¿Cuál es la razón por la que dos personas, con exactamente la misma crianza, que fueron a la misma universidad, y comenzaron con la misma cantidad de dinero puedan terminar de manera tan diferente? Una podría terminar siendo multimillonaria, mientras que otra podría terminar en prisión por robo. ¡Realidades diferentes!

Todo lo que capta nuestra mente lo procesa desde el núcleo de lo que somos —nuestra identidad. La forma en que vemos el tiempo y el espacio, la forma en que nos comunicamos mediante el lenguaje, nuestras decisiones, nuestras estrategias para hacer frente a la vida, nuestras creencias y valores están determinados por lo que hemos filtrado en nuestras mentes. A esto le llamamos nuestra "representación interna".

Nuestra representación interna de la vida determina el estado en el que estamos. Si uno está deprimido, es porque los filtros sobre la vida han creado las creencias y actitudes que han llevado a esa persona a un estado de depresión. Del mismo modo, si eres feliz, es simplemente porque tus creencias y actitudes actuales han creado ese estado.

Nuestro estado también se puede crear a través de nuestra fisiología. ¡Así es! Realmente puedes controlar tu estado poniéndote físicamente en cierto estado. Si no estás de buen humor, puedes, literalmente, obligarte a mejorar tu estado de ánimo con sólo mirar hacia arriba y sonreír durante unos minutos. También puedes hacer cosas que normalmente haces cuando estás feliz... tener relaciones sexuales, subir a la montaña rusa, pasar tiempo con tus hijos. Aunque no estés contento ahora, te pondrás feliz después de pocos minutos de hacer cosas alegres. Te reto, la próxima vez que estés en un estado menos que deseable, haz algo físico que hagas normalmente cuando estás en un mejor estado, y observa cuánto mejor te sientes. Este es un concepto increíble, porque significa que siempre podemos controlar cómo nos sentimos. Por desgracia, el control de estado fisiológico es sólo temporal... al salir de esa fisiología, ya no estarás en ese estado.

Tu estado determina tu comportamiento

No importa la forma en que alcances tu estado, ya sea por representaciones internas o por la fisiología, te comportarás de acuerdo con esa forma. Si estás en un estado mental de pereza, harás cosas perezosas... te recostarás en el sofá a ver televisión, o no harás nada. Si estás en un estado positivo y motivado, estarás productivo y lograrás hacer muchas cosas. ¿Alguna vez asististe a un seminario de Tony Robbins o algún otro curso motivacional? Ellos pasan un fin de semana motivándote e incentivándote. Cuando llegas a casa, estás en un estado increíble —anotando objetivos, organizándote y siendo increíblemente productivo... sólo para que ese estado desaparezca en aproximadamente una semana y vuelvas a tu rutina normal.

Has vuelto a tu estado normal, cotidiano. ¿Y si hubiera una manera de controlar tu estado de manera más permanente? Lo maravilloso de la PNL es que te permite cambiar tus representaciones internas, que crean el estado en el que estás. Tus creencias, actitudes y valores no son temporales. Si puedes cambiar tus creencias acerca de lo que te pone feliz o triste, ¡entonces puedes aprender a estar en un estado de felicidad perpetua! Del mismo modo, si puedes cambiar tus actitudes y creencias sobre el dinero al cambiar las actitudes que tengas acerca de lo importante que es ahorrarlo y no malgastarlo en cosas frívolas, te encontrarás en el estado de alguien que ahorra y es responsable con el dinero. En ese estado, ¡tendrás mucho más dinero!

Tus comportamientos producen resultados

Todo lo que haces en la vida conduce a un resultado determinado. Si eres haragán toda tu vida y haces lo mínimo para sobrevivir, las consecuencias de ese comportamiento serán que no llegarás a ningún lado, vivirás pobremente, y siempre lucharás para salir adelante. Por el contrario, si te mantienes productivo, trabajas mucho y ahorras dinero, los resultados serán mucho más positivos. Esto debería ser obvio para todos, y sabes que es verdad porque siempre estamos tratando de cambiar nuestro comportamiento para obtener un resultado. ¿Cuánta gente conoces que se pone a dieta para conseguir el cuerpo que quiere? Quieren alcanzar un resultado y saben que la única manera de lograr ese resultado es comer menos. Por desgracia, todos sabemos cómo funciona la mayoría de las dietas. Estas personas están forzando un comportamiento sin cambiar su estado. Sólo se puede forzar un comportamiento durante cierto tiempo con la fuerza de voluntad. La gente igual quiere comer los alimentos prohibidos porque está en un estado que quiere comer. Y la mejor manera de cambiar ese estado es cambiando su representación interna acerca de su forma de pensar sobre la comida.

Causa y Efecto

¿Quieres saber el verdadero secreto para tener éxito en cualquier cosa en la vida? Si aplicas este principio en cualquier tarea, está virtualmente garantizado que obtendrás un gran nivel de éxito. Todas las personas exitosas aplican este principio, estén conscientes de ello o no... es el principio de Causa y Efecto.

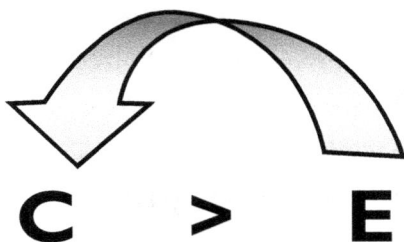

C > E

Este principio establece que por cada efecto o resultado, existe una causa directamente relacionada. Cada vez que haces algo (o no lo haces), habrá un resultado que se produce debido a la acción (o inacción). Cuando limpio mi cocina en casa, el resultado es que mi cocina se ve limpia y ordenada. Si opto por no limpiar la cocina, el resultado es que los platos comienzan a acumularse, y la cocina se ensucia. Cuando la cocina se ensucia, es sólo porque no hice nada al respecto —Yo fui la "causa" de que la cocina se ensuciara. Podría poner excusas y culpar a otros por acumular los platos sucios, pero la causa principal de una cocina sucia es que elegí no limpiarla.

Ahora, llevemos esto incluso un poco más lejos. Supongamos que yo no estaba a cargo de la limpieza de la cocina. Que la responsabilidad era de otra persona. Vamos a suponer que la cocina una vez más se ensucia. No es tu culpa, ¿verdad? Está completamente fuera de tu control, y no hay absolutamente nada que puedas hacer para tener una cocina limpia de nuevo, ¿no es así? ¿No sería triste si ese fuera el caso... que fuésemos totalmente incapaces de obtener el resultado que queremos? Afortunadamente, podemos ser la causa del problema. Hay cosas que podemos hacer... podemos limpiar la cocina nosotros mismos. Podemos tener una charla con la persona que se encarga de la limpieza. Podemos contratar a una sirvienta. Podemos comer afuera todos los días en vez de comer en casa. ¿No es maravilloso que tengamos tantas opciones disponibles si elegimos ser la causa de ese problema?

En las principales empresas de Fortune 500, la responsabilidad siempre recae en el Presidente de la compañía. Él o ella es, en última instancia, responsable de cada cosa que sucede en la sociedad. En abril de 2010, explotó una planta petrolífera en el Golfo de México, matando a 11 hombres y causando el mayor derrame accidental de petróleo en la historia de la industria. ¿Quién crees que llevó la peor parte de las críticas por el derrame de petróleo? Así es, Tony Hayward, el Presidente de BP, se vio obligado a renunciar de la empresa. ¿Por qué? Es la persona que los accionistas de la empresa esperan que sea la causa de cada evento que se produce dentro de la compañía BP. ¿Provocó él la explosión? No. ¿Puede detener inmediatamente la fuga que devastó el Golfo de México? No. A pesar de ello, su trabajo era tomar decisiones.

Una investigación del Congreso sobre el incidente determinó que, si se hubieran establecido más medidas de seguridad antes del accidente, el incidente podría haberse evitado. Hayward había tomado una decisión anterior de reducir costos y hacer ganar más dinero a los accionistas al no invertir en esas medidas de seguridad. Si hubiese estado viviendo en la causa de todo en la empresa, el accidente podría haberse evitado.

Imagínate el poder y las opciones que tendrías si vivieras en la causa de cada cosa que sucede en tu vida, lo bueno y lo malo. Si puedes estar en la causa, de repente tendrías más opciones, más alternativas para hacer frente a todas las cosas que surgen en la vida. ¿No estás contento con el coche que conduces? Si estás en la causa, entonces puedes encontrar una solución. Puedes conseguir otro trabajo para ganar dinero. Puedes obtener un préstamo. Puedes vender tu coche viejo y tu colección de estampillas que tienes desde niño. Las posibilidades son ilimitadas, pero primero debes dejar de poner excusas y, en cambio, concebir opciones. ¿No estás satisfecho con tu relación? En lugar de quejarte, puedes ir a terapia, puedes divorciarte, y puedes trabajar en ti mismo para convertirte en una persona mejor.

A la mayoría de las personas en este planeta les encanta inventar excusas sobre por qué no pueden hacer esto o lo otro: no me lo puedo permitir, no tenemos suficiente dinero; no tengo una buena educación porque mis padres no podían permitirse el lujo de enviarme a la universidad; no puedo hacer ninguna venta porque todos los prospectos que me da mi empresa son una porquería; crecí en un barrio pobre, por eso no conozco la etiqueta, ni tengo las habilidades sociales adecuadas para mezclarme con personas de mayor calibre, o tengo un trabajo que no me da tiempo para volver a estudiar.

Todos estos son ejemplos de vivir en el efecto, en lugar de vivir en la causa. El momento en que empiezas a vivir en la causa de tu vida es el momento en que puedes comenzar a conseguir lo que quieres de la vida.

Tengo un reto para ti. Si realmente lo asumes, empezarás a ver opciones que nunca hubieras soñado que surgieran en tu vida, y comenzarás a ver un reflejo de la luz donde antes sólo había oscuridad. Durante los próximos siete días, te desafío a estar en la causa de CADA COSA que suceda en tu vida.

Desde tu felicidad en el trabajo, a tu relación con tu pareja, a la cantidad de dinero en tu cuenta bancaria, a la gente que te corta en la autopista, a cualquier enfermedad que puedas estar experimentando. ¡TODO! Si llegas tarde al trabajo porque el tránsito estaba muy mal, pregúntate cómo estuviste en la causa para llegar tarde... y lo que puedes hacer para evitar que suceda la próxima vez.

Si llegas a casa y tu esposa inmediatamente te empieza a gritar, pregúntate cómo estuviste en la causa para que eso sucediera, y luego piensa qué puedes hacer para evitar que ocurra la próxima vez.

Pero Jason, ¿qué pasa con las cosas que están realmente fuera de nuestro control? ¿Qué pasa si un bebé nace con VIH? Eso no es culpa del bebé, ¿o sí? ¿Cómo puede una persona que nace con VIH ser la causa de eso? Podemos poner ejemplos extremos durante todo el día... simplemente te estoy pidiendo que reflexiones sobre cómo puedes estar en la causa. En cuanto a la persona con VIH, puede estar en la causa de una manera particular: en cuanto a la forma en que elige vivir la vida con eso. Puede tener una buena actitud o una mala actitud al respecto. La ciencia ha demostrado que las personas enfermas, si tienen altos niveles de estrés y emociones negativas debido a la enfermedad, empeoran progresivamente. Recuerdo haber leído el caso de alguien que contrajo VIH, pero estaba decidido a vivir una mejor vida por eso. Empezó a hacer ejercicio todos los días y cambió su dieta (se convirtió en un fanático de los licuados de verduras), y cambió su visión de la vida. ¡Un día, los médicos le informaron que ya no era portador del virus!

Conozco a un hipnoterapeuta que ha tratado a varias personas que nacieron con algún tipo de enfermedad. En casi todos los casos que ha tratado, durante la regresión hipnótica, los pacientes dijeron que tenían la enfermedad debido a algo que habían hecho en una vida anterior.

Ahora bien, creas o no en vidas pasadas (yo personalmente no creo), sigue siendo interesante de observar. Una persona muy inspiradora que yo conozco y admiro mucho, nació sin brazos ni piernas debido a una rara enfermedad conocida como Tetra-Amelia. Nick Vujicic optó por estar en la causa de su vida. En lugar de quejarse y poner excusas de por qué no puede hacer esto o lo otro (como haría casi cualquier otra persona en su situación), optó por concentrarse en todo lo que sí podía hacer. Él solo aprendió a escribir, a escribir en una computadora, a tocar la batería, lavarse los dientes, peinarse, nadar y pescar. Oh, sí, ¡incluso juega al golf! En este momento es evangelista y orador motivacional, y dirige una impresionante organización sin fines de lucro "La vida sin extremidades." El poder que obtienes al estar en la causa de tu vida es ilimitado.

BASTA DE EXCUSAS y de vivir en el efecto de tu vida. Es hora de que ESTÉS EN LA CAUSA, ¡y tengas todo el éxito y la grandeza a los que tienes derecho!

Jason West es un hipnoterapeuta clínico certificado, Master Practitioner en PNL, entrenador, instructor para el éxito, orador galardonado, y el fundador de Hipnoterapia MetaShifts y el Centro de Investigación MetaShifts en Laguna Hills, California.

A través de su práctica de hipnoterapia, Jason se ha comprometido a ayudar a las personas de todas las clases sociales para lograr el cambio positivo que desean en sus vidas. Utilizando su entrenamiento avanzado en Programación Neuro Lingüística (PNL) y la hipnosis; empleando los conocimientos y habilidades obtenidos como graduado de los Cursos Dale Carnegie de Relaciones Humanas y Comunicación, Liderazgo y Entrenamiento de Ventas; así como su experiencia entrenando a alumnos de los Cursos Dale Carnegie, aplicando sus 11 años de valiosa experiencia en los negocios; por su participación en la comunidad como ex presidente del Club Rotario y miembro de Toastmasters, Cámara de Comercio, Negocios y Redes Internacionales; explotando su compulsión obsesiva por perfeccionar sus habilidades - siempre instruyéndose y estudiando para mejorar su capacidad de ayudar a los demás, y aprovechando su extraña habilidad para guiar a las personas en la dirección en la que necesitan ir, Jason está en una posición única para ayudarte a lograr el cambio que quieres en vida. Ponte en contacto con él en **www.metashifts.com**.

CAPÍTULO TRES

Motivación para el Éxito
por Anita Thomas

"¡Qué pronto 'ahora no' se convierte en 'nunca'!"

- Martin Luther King

¿Cuántas veces empezaste un proyecto lleno de entusiasmo, como aprender a jugar al golf o plantar un huerto, sólo para detenerte poco después de comenzar? Se podría pensar que tener éxito en alcanzar tu meta y conseguir lo que quieres sería suficiente para motivarte, pero no lo ha sido, ¿verdad? Incluso si una acción o meta es naturalmente positiva, no siempre significa que te sentirás motivado a hacerla. Se necesita una fuerza impulsora, un fuerte deseo de lanzarte a la acción y llegar hasta el final. La motivación es un estado mental que puedes aprender para llegar a donde necesites.

Hay libros y seminarios llenos de estrategias y técnicas que dicen tener la respuesta, pero ni siquiera puedes motivarte para eso. Bueno, a mí me gusta leer, por eso he leído muchos de los libros de autoayuda sobre motivación, además soy adicta a los seminarios y creo en el aprendizaje continuo. Sin embargo, si necesitas una solución rápida para desatascarte y motivarte a tomar mayores acciones para mejorar tu vida, me gustaría sugerirte que pruebes un proceso más. Puedes aprender lo básico de Programación Neuro-Lingüística (PNL) en literalmente minutos, que te podrá motivar para que seas, alcances y tengas lo que quieras.

Sé que funciona porque veo el beneficio en mi vida, dado que uso la técnica de PNL para completar tareas que no quiero hacer. Uso las técnicas de

PNL para motivarme cuando mi fregadero de la cocina no tiene más espacio para otro plato sucio y mis zapatos para caminar necesitan dar un paseo.

Estoy haciendo muchas cosas como nunca antes (vaya, estoy contribuyendo a un libro). Usar las estrategias de PNL ha mejorado la manera en que vivo mi vida, todos los días, en todos los sentidos. La PNL me ayudó a salir del atasco, y sé que puede hacer lo mismo por ti.

Las estrategias de motivación que enseña PNL son formas sencillas, poderosas y eficaces para lograr cambios permanentes e inmediatos en tu vida. Tienes sueños y metas, cosas que quieres tener y hacer. Pues bien, sentirte motivado es un paso importante para obtener los perfectos resultados que deseas. Aprender algunas técnicas básicas de PNL es una manera fácil y sin esfuerzo de experimentar y lograr los resultados.

Dirección de motivación - ¿Cuál es la tuya?

En PNL se habla de dos direcciones principales de motivación. Una de ellas es cuando *te alejas de algo (o, de repulsión),* como "Puedo oír a mi pareja gritándome por gastar dinero en estos palos de golf de $1000 que compré. Aquí veo una escena muy fea que preferiría evitar. Supongo que sería mejor cancelar esas caras clases particulares de golf que pagué por adelantado". Pensar en la confrontación es algo de lo que puedes querer alejarte. ¿Es verdad? ¿Generalmente te alejas de las dificultades, el dolor o las situaciones incómodas?

El otro tipo de motivación te lleva hacia lo que deseas (o *de propulsión).* Realmente quieres plantar un huerto. Piensas cómo en pocos meses tendrás verduras frescas en tu mesa para la cena. Todo lo que hay en tu ensalada se habrá cultivado en tu propio huerto. Los tomates, pepinos y zanahorias sabrán muy bien y los tuyos serán todos orgánicos sin el costo adicional.

La idea de lo que vas a obtener al terminar tu huerto te impulsa a excavar, sembrar y al trabajo sudoroso necesario para tener tu huerto. ¿Es verdad? ¿En general avanzas hacia lo que quieres, tus metas, las recompensas y la sensación de logro?

¿Cuál es tu dirección principal de motivación? En general, ¿te mueves hacia las cosas placenteras, agradables que deseas o *te alejas* de lo que no quieres, como la decepción, los conflictos y el malestar? Tu dirección de motivación es un proceso mental que afecta la forma en que vives tu vida. Hasta cierto punto has utilizado las dos a través de tu vida. Sabes que las dos direcciones te pueden motivar, y ambas son útiles en diferentes situaciones.

Ninguna dirección es mejor que la otra; ambas ofrecen beneficios y desventajas. Hay momentos en los que *alejarse* de algo, como una relación destructiva o una situación peligrosa, es la mejor opción, al igual que hay relaciones y situaciones positivas a las que vale la pena *dirigirse*.

Si te motiva más a menudo la dirección "*de repulsión*", puedes ser un gran solucionador de problemas, puedes estar motivado a arreglar las cosas antes de que empeoren, lo que sería un "ganar-ganar" para ti. Si te motiva "*la propulsión*", entonces tu recompensa es llegar a la meta.

Las personas tienden a utilizar la misma dirección de motivación para la mayoría de las cosas en su vida. Por lo tanto, si eres uno de los que dice: "No, no, yo no quiero eso, me molesta, y hay algunas consecuencias negativas que no quiero enfrentar", probablemente usas la dirección "de repulsión" en la mayoría de las áreas de tu vida. Por el contrario, si te mueves hacia lo que quieres, podrías decir: "sí, esto se ve bien, se siente bien, y voy a disfrutarlo". Lo más probable es que la propulsión sea tu estilo de motivación habitual.

Conocer tu dirección de motivación dominante puede ayudarte a tener más éxito en la consecución de tus metas, con menos esfuerzo y estrés.

Las siguientes son buenas estrategias para ti si tiendes a alejarte de lo que no quieres. Si casi siempre usas la motivación de repulsión, deberías prestar atención a las señales de incomodidad y reaccionar rápidamente para tener más opciones y menos estrés.

Además, ten en cuenta que cuando te alejas de lo que no quieres, también lo hace tu motivación. Si prestas atención a tus niveles de ansiedad, dolor y a lo que no quieres, puedes actuar mientras tienes alguna alternativa, antes de experimentar una consecuencia negativa. ¡Recuerda que la dirección en la que te mueves afecta tu vida, así que presta atención hacia dónde estás yendo y cómo llegar allí!

Motivación y dilación

¿Para hacer qué cosa quieres motivarte hoy? ¿Qué es lo que quieres lograr, que podría mejorar tu día o tu vida? ¿Cuál es tu sentimiento al respecto? ¿Tienes un deseo intenso o débil para lograrlo? ¿Tienes un intenso deseo de actuar y hacerlo? Por otra parte, ¿quizá, más o menos, tal vez quieres hacer eso hoy?

El Principio de Polaridad dice que todo es dual y tiene dos polos. La motivación y la dilación siguen este principio, igual que la dirección de motivación "de propulsión" o "de repulsión", ambos tienen que ver con tu nivel de deseo, y sólo difieren en el grado. Más deseo es igual a más motivación, y menos deseo es dilación.

Digamos que tienes una vara y uno de sus extremos es un deseo débil y el otro es un fuerte deseo; verías que la dilación y la motivación están en los extremos opuestos,

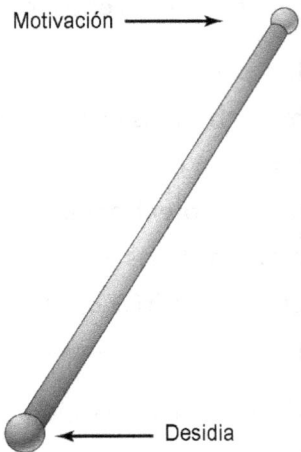

Motivación ⟶

⟵ Desidia

36

que se diferencian sólo en el grado de deseo. Si esto es cierto, entonces el deseo tiene dos polos opuestos. Si el deseo débil estuviera en el extremo inferior de la vara, ahí es donde está la dilación en la parte inferior, entonces la motivación estaría en la parte superior de la vara. Si tienes un fuerte deseo o motivación para realizar una tarea, entonces te encontrarías más hacia el extremo superior de tu vara de deseo. Cuando estás motivado, ése es un fuerte deseo. Si no lo sientes, tu deseo es débil y puedes estar diciendo, "quizá lo haga" o "tal vez lo haría", entonces te estás moviendo hacia la parte inferior de la vara, hacia menos deseo y la dilación.

Piensa en la clase de aeróbicos que ofrece el gimnasio esta mañana y cómo sería un buen comienzo para "devolverle" 5 kilos al programa del universo. Por otra parte, sería bueno quitarte de encima ese informe para que tu jefe deje de presionarte. Sin embargo, afuera esta un día tan soleado y cálido. Es un día de playa ideal para relajarse y disfrutar, de poner los pies en la arena. Uno de esos riquísimos sándwiches de salchicha mientras estás sentado en la arena vendría muy bien. En este momento, en tu mente, el deseo de relajarte en la playa es más fuerte que el deseo de darle algo al universo o de darle un informe terminado a tu jefe.

Entonces, si un deseo fuerte lleva a la motivación, ¿cómo construyes tu deseo y haces las cosas?

Para aumentar tu motivación y desatascarte:

- Conecta tus valores a tus objetivos
- Comienza con una imagen de lo que deseas
- Piensa en los beneficios que obtendrás con la consecución de tu objetivo
- Ve el perfecto resultado final de tu objetivo cumplido
- Experimenta el sentimiento de tu objetivo ya alcanzado

Valores y modalidades

Tus valores influyen en tu deseo motivacional y determinan lo que significan las cosas para ti. Tus valores determinan en qué dirección de motivación irás para alcanzar tu objetivo. Debes identificar tus valores más importantes para adquirir la motivación para actuar y conseguir lo que quieres. Tienes que preguntarte, "¿Qué tiene este objetivo, cosa, o deseo que sea importante y tenga sentido para mí?"

¿Valoras el amor, la familia, la seguridad o tu valor principal es crear libertad financiera? Tus valores son la forma de medir tu éxito y el logro de tus objetivos. Cuanto más fuertes son tus valores, más fuerte es la motivación para alcanzarlos.

Cuando piensas en tus valores más fuertes y las experiencias que crean, obtienes una imagen de esas experiencias. Para tener esa imagen usas tus modalidades sensoriales: auditivas, kinestésicas, visuales, olfativas (olor) y gustativas (gusto). Al usar estas modalidades y submodalidades (las partes más pequeñas y más detalladas dentro de una modalidad) puedes aumentar tu motivación haciendo que el pensamiento del valor de la experiencia o el objetivo sea más atractivo y deseable.

Si valoras la familia y disfrutas las cenas de vacaciones con ellos, cuando te imaginas ir a la cena de Navidad, probablemente usas varias modalidades al pensar en este evento. Cuando haces imágenes detalladas de lo que valoras y quieres, puedes utilizar estas modalidades diferentes que aumentarán tu motivación. Si aumentas el color, el brillo y los sonidos de la risa y la felicidad, y le agregas el sabor de tus comidas favoritas que están sobre la mesa, apenas puedes esperar a llegar allí. Quizá no te guste conducir 40 km, pero el alto valor que tiene para ti la familia y las vacaciones puede motivarte para llegar. Las estrategias de la PNL, como el uso de modalidades y submodalidades, pueden mejorar tu deseo de alcanzar tus objetivos.

¿Cuál será el beneficio o el valor de alcanzar tus objetivos? Para que un objetivo te motive, debe tener un cierto nivel de placer o de importancia o de beneficio para ti, personalmente. A menos que pongas algo de importancia y valor en los resultados, no tendrá ningún placer de motivación para ti.

Dicho de otra manera, para que los placeres motivadores que elijas sean efectivos, deben:

- Ser algo a lo que le asignas un valor personal significativo
- Ser algo que creas que es posible
- Ocurrir inmediatamente después de concluir o poco después de la finalización de la acción o comportamiento

Establecer objetivos

Cuando consideres todos los aspectos del objetivo, entonces ¿por qué lo quieres? ¿Cuáles serán los beneficios, los resultados de su logro? Visualiza lo que vas a hacer y cómo será tu realidad después que logres exitosamente este objetivo.

El resultado beneficioso esperado de un objetivo se puede usar para ayudar a definir el deseo de motivación. Tus expectativas personales, los resultados que supones obtener si tomas un curso particular de acción juegan un papel importante en la determinación de si estás avanzando hacia ese objetivo o no. Si percibes que habrá una experiencia positiva y agradable durante o inmediatamente después de la realización de un objetivo, entonces lograrás tener el deseo.

Entonces, construyamos una potente imagen positiva para nuestro perfecto resultado final. Haz que la imagen sea disociada (es decir, viéndote en la imagen), como en una pantalla de televisión a color en toda regla, de sonido envolvente y experiencia vívida. Incluso puedes utilizar los controles de tu sistema de reproducción para hacer una experiencia de alta definición, blue-ray, en 3-D con banda sonora. Ahora haz de ésta una imagen galardonada de tu evento de vida y dirección futura.

Hay muchos modelos y estrategias de la PNL que pueden motivarte en pocos minutos. Puedes utilizar anclas encadenadas para pasar de la Dilación a un Estado Motivado y ver el perfecto resultado final de tu objetivo cumplido.

Con el uso de una estrategia motivacional de PNL de establecer una cadena de anclas y luego dispararlas, puedes visualizar rápida y fácilmente, y sentir tu éxito futuro para motivarte. Esta técnica y muchas otras te pueden ayudar, fácilmente y sin esfuerzo, a la consecución de tus deseos.

El descubrimiento y uso de las estrategias y técnicas de la PNL para reprogramar mi mente me ha dado resultados sorprendentes. Los platos están limpios y mi contribución a este libro se completó con éxito esta mañana.

Si no estás satisfecho con tu vida ni con cómo van las cosas, quizá quieras considerar cambiar algunos de tus programas antiguos, y eso es lo que la PNL puede ayudarte a hacer. Si quieres salir del atasco, toma una clase de PNL y cambia tu vida de manera rápida y sencilla.

Anita Thomas es Master Practitioner certificada en Programación Neurolingüística (PNL) e hipnoterapeuta en Los Ángeles, California donde es consejera acreditada de escuela y maestra de primaria. También es empresaria y propietaria de una empresa de comercio justo, que puedes encontrar en Internet en: **www.fairworldtraders.com**

CAPÍTULO CUATRO

CREAR RELACIONES PARA EL ÉXITO

por Suzan Gole

Alguna vez has tenido una conversación con una persona y te sentiste naturalmente "en sintonía"? Quizá sentían como si se estuvieran conectando con sus ideas tanto como con las palabras que usaban. Así es la empatía. Es fácil crear una buena relación con personas o grupos de personas, una vez que sabes cómo. La premisa básica del entendimiento mutuo es:

"Cuando las personas se parecen entre sí, tienden a agradarse mutuamente"

La armonía o empatía es una parte esencial de la vida cotidiana, ya sea en la interacción con miembros de la familia, compañeros de trabajo, o simplemente con la cajera del mercado donde haces tus compras.

Hay seis maneras de establecer una relación empática

1. **Usa palabras similares a las de la otra persona:** Es probable que nos sintamos atraídos a las personas que son parecidas a nosotros, así que imitar los comportamientos y pensamientos de una persona va a crear una buena relación. Hablar como la otra persona es también una gran manera de construir una buena relación con ella. Las palabras que usa te dirán cuál es su preferencia sensorial, si procesa el mundo como visual (visión), auditiva (sonido) o kinestésica (sentimiento). La gente tiene su propio estilo de hablar usando palabras y frases similares que la hacen única. ¿Has notado que un familiar o un amigo usa una determinada palabra o frase todo el tiempo? Tengo un amigo al que

le encanta usar la palabra "exquisito" al describir las cosas que más le gustan, e incluso las acciones "ese jonrón fue simplemente exquisito". Cada persona tiene su propia forma individual de comunicarse. Sólo tienes que prestar atención a las palabras que usa para darte cuenta que hay patrones y frases particulares de esa persona.

2. **Sincronízate con la fisiología de la otra persona:** Las personas que armonizan naturalmente, por lo general sincronizan y reflejan mutuamente su lenguaje corporal. Usar la misma postura que la otra persona puede hacerla sentir más cómoda. Copiar la manera de sentarse, sus gestos, movimientos, expresión facial e incluso su parpadeo, hará que su mente inconsciente te reconozca como una persona parecida y creará esa armonía. No tienes que copiarla exactamente, por ejemplo, si está tamborileando sus dedos, puedes mover tu rodilla a un ritmo parecido. No sólo es divertido, sino que realmente funciona y la persona siente una conexión cercana contigo.

3. **Sincroniza tu voz con la de la otra persona:** También puedes coordinar tu voz con el tono, ritmo, timbre o volumen de voz de la otra persona. El tono es la inflexión de la voz. Ritmo es la velocidad de la voz, timbre es la calidad y volumen es el volumen de la voz. Si el discurso de la persona es lento y deliberado, se sentirá más cómoda contigo si te emparejas a un ritmo lento y pausado.

4. **Empareja la respiración:** Sincronizar la respiración es una manera poderosa inconsciente de crear una buena relación. Proviene de cómo respiran los bebés en sincronía con sus madres durante la lactancia. Inhala y exhala al mismo tiempo y a la misma velocidad. Si estás hablando, inhala cuando la otra persona inhala, y habla cuando está exhalando.

5. **Imita la forma en que maneja la información:** Algunas personas son más detallistas y otras prefieren ver el conjunto. Si no te acoplas al estilo de procesar la información de una persona, pierdes su atención rápidamente. Una persona detallista pensará que tienes la cabeza en las nubes y te falta sustancia si hablas con términos generales. Los que tienen una visión de conjunto pensarán que eres aburrido y banal si hablas dando muchos detalles. Empareja su estilo de procesamiento escuchando como habla.

6. **Busca experiencias comunes:** Las personas que tienen algunas experiencias comunes, como intereses, trayectoria o valores o creencias similares, a menudo encuentran naturalmente una empatía superficial. Supongamos que te encuentras con un extraño que es de tu ciudad natal, o que fue a tu misma alma mater. Rápidamente entrarán en una conversación animada, buscando más experiencias comunes. Esto también puede suceder cuando hablas con un extraño y resulta que tienen amigos en común, o conoces a una persona en un avión que trabaja en tu misma línea de trabajo.

Para establecer empatía debes ser paciente y un gran observador. Es importante ser sutil cuando se utilizan estas técnicas. Quieres que la mente inconsciente, y no la mente consciente, registre tus tácticas. Si estás imitando a la persona abiertamente, y se da cuenta, lo más probable es que pierdas la armonía que ganaste.

La práctica de estas habilidades

Como sucede con la mayor parte de las cosas, lo harás mejor cuanto más lo uses, así que es importante que practiques cada vez que puedas. Practica crear empatía con extraños en el centro comercial o incluso mientras esperas en la cola para pagar en la tienda.

La creación de empatía es uno de los principales elementos de la PNL, la hipnosis, el asesoramiento y las técnicas de venta exitosa. No importa cuánto sepas o cuán seguro de ti mismo estés, ni incluso que tengas un excelente historial, no podrás obtener ningún tipo de impacto con tu cliente potencial si no puedes lograr una buena relación. Una relación armónica es la base para construir todo.

El espejeo

Espejear es el acto de imitar sutilmente el comportamiento y movimientos de una persona, como si se estuviera mirando en un espejo que reflejara sus movimientos. Esto debe hacerse sutilmente. Inconscientemente, la otra persona se siente aceptada y te agradece tu interés en ella. Estás reflejando la experiencia actual de la persona. Aunque ella puede no estar consciente de tus acciones o intención, aún tendrá un efecto asombroso.

Espejear a la otra persona creará un sentimiento y respuesta positivos tanto para ti como para los otros involucrados.

La sincronización

Cuando sincronizas con alguien, imitas sutilmente a la persona usando el mismo lado del cuerpo que ella usa. Si hace gestos con la mano derecha, tú usas tu mano derecha.

A menudo, espejear es hacer aún más inconsciente el efecto. Si la otra persona gesticula mientras habla, puedes permanecer inmóvil hasta que sea tu turno de hablar. Entonces, haces tus comentarios usando los mismos gestos o parecidos.

Liderar

Una vez que logres la empatía, podrás liderar y te seguirán inconscientemente. Para probar el nivel de empatía, haz un movimiento o gesto y fíjate si te siguen. Por ejemplo, puedes rascarte la cabeza y fijarte si también lo hacen.

Desincronización

También puedes interrumpir la empatía, si quieres. Por ejemplo, si estás hablando con alguien que está divagando sin parar, puedes sentirte atrapado. Sin embargo, si te desincronizas de su fisiología, voz y otras características, interrumpirás la empatía. ¡Te sorprenderá ver con qué facilidad y rapidez se termina esa conversación!

Modalidades y su papel en la empatía

Experimentamos y procesamos el mundo a través de nuestros sentidos, sobre todo visual (V), auditivo (A) y kinestésico (K). Esas "modalidades" se llaman sistemas de representación (sistemas de rep.), porque son la forma en que representamos las experiencias en la mente.

Sistemas de representación preferidos

Cada uno de nosotros utiliza una combinación de nuestros sentidos, contextualmente. Sin embargo, probablemente te concentras más en uno. Cada uno de nosotros prefiere un sistema de representación en el que confía más que en los demás.

Cuando aprenden algo nuevo, por ejemplo, algunos prefieren ver la tarea realizada, otros prefieren escuchar cómo se hace, otros prefieren tener una idea haciéndolo ellos mismos, y algunos tienen que encontrarle un sentido lógico.

Ahora que conoces los distintos sistemas existentes, quiero que tengas en cuenta que ninguno es mejor que los demás. Sin embargo, cada sistema de representación preferido a menudo tiende a mostrar ciertos comportamientos o rasgos de personalidad.

Las siguientes son algunas características generales de cada uno de los sistemas de representación preferido. Recuerda que, al igual que con todas las generalizaciones, siempre hay excepciones.

Características visuales

- Limpios y ordenados
- Hablan rápidamente
- Les gustan las artes visuales
- Organizadores
- Planificadores
- Ambientales
- Estéticos
- Tienen buena ortografía
- Visualizan bien
- Tienen buena memoria visual
- El ruido no los afecta ni distrae
- Son buenos lectores
- A menudo garabatean o visualizan cuando se aburren
- Se olvidan de transmitir mensajes verbales
- Responden preguntas con un simple "sí" o "no"
- A veces se desconectan cuando quieren prestar atención

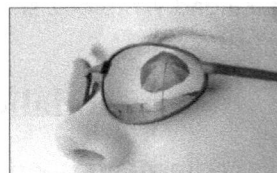

Características auditivas

- Tienen conversaciones con ellos mismos
- El ruido los afecta o distrae a menudo
- Dicen palabras en silencio o susurran mientras leen
- Les gusta leer en voz alta y escuchar audio libros
- Son muy buenos contando detalles, pero no tan buenos escribiendo
- Hablan rítmicamente
- Disfrutan la música, el ritmo y otros placeres auditivos (como el sonido de la lluvia)
- Aprenden escuchando y recuerdan lo que se dijo
- Son habladores, les encanta el debate y dan largas descripciones
- Pueden deletrear moderadamente bien si dicen la palabra en voz alta

Características kinestésicas

- Hablan lentamente
- Responden a las recompensas físicas y al toque
- Tocan a la gente para llamar su atención
- Se paran más cerca que la mayoría
- Son físicos y se mueven mucho
- Memorizan al hacer las cosas
- Usan un dedo como señalador cuando leen
- Gesticulan más que la mayoría
- No pueden permanecer sentados quietos durante mucho tiempo
- Usan palabras relacionadas con acciones

La primera razón por la que te di una lista tan amplia de rasgos, es porque ahora te va a resultar más fácil reconocer los rasgos de las personas con quienes estás en contacto a diario. Saber esto te permitirá entender mejor a esa persona y conocer su representación personal del mundo. Segundo, para que lo utilices para lograr empatía con su modalidad específica, por ejemplo, si eres vendedor de autos, aquí hay tres formas diferentes de dar el mismo mensaje a los tipos auditivo, visual y kinestésico:

Visual: Venga a **ver** el **estilo** de este coche, las **líneas elegantes** y **diseño** de este auto son insuperables. ¿Ha **visto** el interior del coche con **asientos de exquisito cuero** y cómo se **encienden las luces del tablero**?

Auditivo: Suena como que está listo para comprar un auto. El rodamiento de este coche es tan suave que ni siquiera se **oye** un zumbido de afuera. Es así de **silencioso.**

Kinestésico: Hablando **lentamente y tocándole ligeramente el hombro** y señalando en dirección del coche, diciendo "Tuve la **sensación** de que éste era el coche que le interesaba. Le va a **encantar** el sistema estéreo mejorado. ¿Se **imagina agarrando** el volante, mientras el coche **abraza** la carretera a 120 km/h? Venga a ver el interior y a **sentir la textura** de sus asientos. ¿Cómo se va a **sentir** esta noche conduciendo su nuevo coche a casa?"

La mejor manera de mejorar en la empatía es practicarla continuamente.

Mejora de la empatía

Elige una característica por día y practícala hasta que se convierta en costumbre. En poco tiempo, tendrás un conjunto de herramientas de empatía para escoger. ¡Lo más importante es divertirte! Vas a adquirir perspicacia usando estas herramientas y fortalecerás tus relaciones, tanto nuevas como antiguas.

Escrito por Suzan Gole: Transforma Tus Sentidos ◊
www.transformyoursenses.com   suzan@transformyoursenses.com

Nuestra Misión: Nos dedicamos a, y estamos intensamente interesados en enriquecer las vidas de los demás. Lo hacemos mediante el uso de herramientas probadas de Mente Total para capacitarte en tu vida. Sabemos que, a través de la interacción creativa y la escucha atenta, podemos ayudarte a ampliar todos tus sentidos, ¡lo que te permitirá avanzar hacia un cambio positivo, al abrir tu conciencia a todas las posibilidades que alguna vez has imaginado y a hacer que la abundancia sea una realidad en tu vida!

CAPÍTULO CINCO

Pasar del No al Sí
Por la Reverenda Jeanne Munsell

¿Recuerdas cuando eras chiquito y el adulto en tu vida quería que te entretuvieras? A menudo, mis adultos me daban uno o dos muñecos (juguete de peluche, figuras de acción, muñecas, etc.) El objetivo era que me fuese a mi mundo privado donde tenía el poder total y que las muñecas "jugaran" conmigo. Yo siempre lo interpretaba como permiso para que las muñecas hicieran exactamente lo que yo quisiera. Le decía a la primera muñeca que tomara de la mano a la segunda... y ¡voilà! De inmediato sucedía. Luego le decía a la segunda muñeca que huyese y ¡zas! La muñeca segunda huía. ¿Por qué, cuando era chiquita, tenía el control absoluto sobre mis muñecas?

Por supuesto, lograba obediencia ya que controlaba totalmente a las muñecas. Entonces ¿por qué hoy, como adulta, parece que no tuviera tanto control en mi propio universo personal o en mi esfera de influencia?

La respuesta está en cuán atascada o desatascada estoy de la flexibilidad para relacionarme conmigo misma y con los demás.

¿Por qué la gente es tan terca? Lo que les digo es importante para ellos.

La gente, incluyendo a la persona a la que calificas de "terca," es así cuando no se siente escuchada o apreciada. Uno tiende a atascarse en la caja de su propio problema (un verdadero problema, necesita consejo, a la hora de comprar o vender algo, o permanecer en el camino que ha elegido).

Entonces, ¿Cómo hago que alguien se sienta atraído por mí? ¿Realmente TIENE que gustar de mí? Sí y No.

Tienes que tener credibilidad con la persona con la que estás hablando. En otras palabras, si te ven como alguien que fanfarronea todo el tiempo, la probabilidad de tener una influencia positiva sobre alguien (sí, incluso tú mismo) se reduce…

¿Cómo puedo cambiar eso? Como dice en los capítulos anteriores y los siguientes, viviendo tu vida con integridad y excelencia. Además de esa base de vivir con integridad y excelencia, hay otras cosas que puedes hacer.

En primer lugar, a la gente le gustan las personas que gustan de ellos y que perciben que gustan de ellos tal como son.

¿Qué significa esto? Significa que si obtienes empatía con alguien, imitarás lo que está haciendo durante un tiempo, y luego probarás para ver si obtuviste empatía, fijándote si te imita en algo. Por ejemplo, puedes sentarte con la misma postura que el otro, puedes hablar con la misma estructura de oraciones que él usa. Si habla rápido, hablarás rápido; si habla lentamente, hablarás al mismo ritmo. Si se rasca la nariz, te rascarás la nariz, etc. Si lo has imitado bien, cuando hagas un pequeño cambio de comportamiento, te seguirá. Esto se llama empatía o rapport. Rapport es la creencia inconsciente de que alguien es como uno.

¿Por qué deberías hacer esto? A las personas les gustan otras personas como ellas y quienes perciben que son como ellas. ¿Recuerdas ese viejo cuento—que circulaba con frecuencia cerca de las vacaciones— "el que tenga más juguetes, gana"? Si bien esa historia puede no ser cierta, lo que sí es cierto es que "¡El que tenga el comportamiento más flexible, gana!"

¿Cómo puedo ver las cosas de manera diferente?

Ver el problema desde una perspectiva diferente de la de la otra persona es la clave para ayudarla a resolver su problema.

A menudo, un simple reencuadre la ayudará a atravesar la barrera del "problema". Un reencuadre (que aprendes bien en mis clases de PNL) es simplemente poner los atributos positivos del "problema" en un contexto distinto que demuestra la fuerza de los comportamientos "problemáticos".

Por ejemplo, a primera vista, pareciera que este helicóptero estuviera a punto de estrellarse.

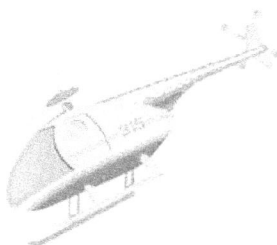

Sin embargo, viendo mejor la situación, ves que está descendiendo sobre esta casa...

para echar agua y apagar el fuego que está incendiándola.

Eso es un reencuadre. Poner lo que se percibe como un problema en un contexto distinto, que hace diferente lo que vimos, oímos, sentimos y pensamos.

Una vez, un padre acudió a ver al renombrado psiquiatra e hipnoterapeuta Milton Erickson con el siguiente problema con su hija adolescente.

"Esta chica es totalmente terca y rebelde. No quiere hacer nada de lo que yo le diga, sin saber todas las razones y las pruebas de por qué debería hacerlo", se quejó el padre a Erickson en presencia de la adolescente.

Erickson pensó un momento —se dio cuenta de que la adolescente estaba pasando por una fase natural de desarrollo. Y su respuesta fue: "Y estará muy orgulloso cuando ella les diga NO a sus compañeros y sea capaz de defenderse sola y cuidarse porque su hija es muy fuerte."

Este sencillo reencuadre ayudó al padre a ver el comportamiento de su hija no como rebelión y a entenderlo como una manera de fortalecerse para decir NO a cosas que no le convenían, permitiéndole cuidarse completamente debido a su fuerte mentalidad.

¿Valores? ¿Por qué deberían importarme? Lo correcto es lo correcto, ¿no?

Otra manera de ayudar a los demás y a ti mismo, es conocer sus valores.

¿Qué es un valor? Es lo que nos motiva a hacer lo que hacemos y a saber si lo hicimos bien o no.

Y ¿por qué son importantes?

Si conoces los valores de una persona (o los tuyos) puedes hablarle a sus valores, presentando algo de manera que armonice con ellos, y se convierta en la opción por defecto con respecto a qué hacer.

Si sé que la persona con la que estoy hablando quiere ser delgada y esbelta; sin embargo, uno de sus valores es que las personas delgadas y esbeltas son sexualmente promiscuas (lo que para ella va en contra de su valor más alto de pureza sexual), no importa cuántas veces le diga que no coma esa pizza de 3,000 calorías, probablemente no tendrá éxito en mantener el peso perdido, si es que lo pierde alguna vez.

¿Por qué? Esa persona NO quiere ser sexualmente promiscua. Puede estar de acuerdo en que bajar el peso extra le ayudará a ser más saludable, más atractiva, etc. Sin embargo, al NO abordar su principal valor: "Yo no quiero tener una vida sexual promiscua" no le ayudaré a adelgazar y mantener el peso. Si, en cambio, le digo que tener la fuerza para no comer la pizza significa que tendrá toda la fuerza y el poder que necesita para ser sexualmente pura, es más probable que la persona acepte adelgazar y quiera trabajar para probar que tiene el poder de ser sexualmente pura. Por eso es que falla la mayoría de los programas para adelgazar. Sólo se concentran en las calorías y no en lo que significan las calorías, el peso, o el resultado de ser delgado.

La Banda Gástrica Virtual funciona mucho mejor, ya que aborda estas cuestiones y se pierde peso con tanta eficacia como con la cirugía de Banda Gástrica. La diferencia es que la Banda Gástrica Virtual ayuda a la persona a mantener el nuevo estilo de vida delgado y saludable porque se abordaron todos sus valores. Los bloqueos se disolvieron y está totalmente motivada para ser la nueva persona que es ahora.

Funciona de la misma manera en ventas y persuasión. Si quiero que compres lo que vendo (sea este coche, teléfono o mercancía, y que adoptes un concepto más saludable para ti), simplemente te pregunto:

"¿Qué es lo importante de_____?" (¿Qué es exactamente lo que quiero convencerte de adoptar o comprarme?)

Pregunto esto algunas veces de manera diferente.

Luego, les regreso sus valores en el orden que consideran más importante. (Recuerda que en la PNL se trata de influir al que va a hacer el cambio.)

Por ejemplo, quiero que mi hijo de ocho años se vaya a la cama temprano. Estoy cansada, exhausta, y necesito que se acueste temprano. Mi primer paso es preguntarle a mi hijo qué le gusta de la hora de irse a la cama. Como tiene ocho años, responde,

"Los grandes se quedan levantados hasta tarde."

¿Qué más es importante para ti de la hora de irse a la cama? "Tengo que ver mi programa favorito de superhéroe."

Eso es fantástico—"¿Qué más te indica lo que es importante cuando te vas a la cama?"

"Que tengo el control."

Acabo de descubrir qué es lo más importante para mi hijo cuando se va a la cama. Él tiene el control, está modelando lo que hacen los grandes (adultos), y ve su programa favorito.

Así que miro el programa de televisión y veo que uno de sus programas de superhéroe favoritos es a las 7:30 de esta noche.

Le digo a mi hijo, "Eso es fantástico. ¿Te gustaría estar a cargo de tu hora de irte a la cama esta noche, igual que yo?" (¡Debería responder con un Sí rotundo!). "¡Fantástico!" ¿Te gustaría irte a la cama antes o después de tu programa favorito de esta noche? (sólo puede responder antes o después—ninguna otra respuesta es correcta). El dirá, "Después" (Después es quedarse levantado hasta más tarde, tener el control y le permite ver su programa favorito, igual que los adultos). "Muy bien", le digo. "Entonces, vamos a bañarte y a prepararte para la cama AHORA, para que puedas ver tu programa sin que nadie te moleste. Luego te irás directamente a la cama. ¿Te parece bien?"

Dado que cumplí sus valores principales para cuando se va a la cama, voluntariamente hace lo que le pido para poder tener el control, ser como un adulto y ver su programa.

Una de las cosas que enseño en mi clase llamada <u>Vendiendo Cubitos de hielo en la Tundra</u> es un conocimiento más completo sobre los valores. Si puedes vender un cubito de hielo en un lugar donde hace tanto frío que todo queda congelado casi todo el año, puedes vender cualquier cosa, en cualquier lugar, en cualquier momento.

OK, Ya entendí. Entonces, ¿Cómo me comunico con PNL?

Es muy sencillo. La PNL está diseñada para permitir que logres el mayor impacto, más rápido y los cambios más duraderos usando cosas que hacemos todos los días, con un propósito. Así que, siguiendo las sugerencias dadas en este libro, te motivarás a ti mismo y a los demás (si quieres) para desatascarte, pensando formas de expresarte, de motivarte y de tener comportamientos coherentes con lo que realmente quieres.

Siempre es mejor convencerte a ti mismo de estar totalmente alineado con lo que quieres antes de persuadir a otros a alinearse contigo. (Quieres que ellos modelen tu excelencia, tu integridad, tu motivación.)

¿Cómo puedo inspirarme e inspirar a otros con PNL?

Resumiendo, empiezo por mí, concentrándome en lo que quiero y alineando mi mente consciente e inconsciente, para hacer mis propios cambios con facilidad y eficacia. Estoy en control de lo que siento, y utilizo las herramientas para mantenerme en el modo de pensar que elija. Estar a merced de lo que otros dicen y hacen es un estado demasiado atascado y ya no lo estoy. Elijo tener control sobre lo que siento, digo, pienso, escucho y disfruto. Si tengo que enojarme, o expresar una emoción que no me brinde salud, felicidad o productividad, elijo cuándo y dónde hacerlo —esa emoción no me controla.

Me aseguro de vivir con integridad y excelencia. La perfección es un mito y drena la energía, así que dejo de lado la perfección de la excelencia.

Logro una buena relación con todos, así les agrado y así me gusta la persona a la que tengo que influir.

Tengo la mayor flexibilidad en la forma en que me comunico, así gano.

Entiendo mis valores personales y también los de los demás. Hablo a los valores para crear el mayor cambio y la mayor resonancia con la persona a la que estoy motivando.

Uso mi capacidad para pensar fuera de la caja en la que está el "problema" y lo reencuadro en un contexto diferente para que se transforme en un recurso.

¿Cómo paso de estar atascado a tener opciones y a actuar en consecuencia?

Normalmente, cuando estás atascado significa que estás buscando la perfección (que es un mito y no se puede obtener), o que has permitido que lo que otros y tú perciben como "tu problema" no tenga ninguna solución. La verdad es que todos los problemas tienen solución. La solución puede no ser exactamente la que estás buscando en este momento, pero hay una solución.

A menudo me conmueve lo que dicen algunos autores inspiradores. Uno que he oído últimamente dice que Dios (o el universo o la ciencia o tu poder superior) ya sabía que te encontrarías con este reto. Y tal vez el reto está allí para que crezcas, o para que veas y actúes sobre otras opciones que están disponibles, pero que has descartado por el momento.

Los retos están allí con un propósito—para que aprendas algo y sigas creciendo. En pocas palabras, los desafíos son los que componen la futura motivación.

Para mantenerte desatascado y motivado, te sugiero que sigas creciendo y hagas lo mejor que puedas para mantenerte motivado, en el buen camino y haciendo lo que siempre has soñado hacer. Si esto significa que leas más libros, vayas a seminarios y cursos de capacitación, haz lo que tengas que hacer para seguir creciendo y ser excelente.

Mi objetivo es que los demás me vean como la persona "a quien acudir" y me alegro porque no sólo me ayudo a diario sino que también puedo ayudar a otros conversando o con unas pocas técnicas. ¿Y el tuyo?

¿No es divertido? ¿Acaso no es fantástico tener el control?

Es bueno saber que tengo la capacidad de persuadir a la gente a hacer cosas buenas y de motivarla. También tengo el poder interior de capturar todo pensamiento y pensar sólo en aquellas cosas que traen felicidad, alegría, salud, bondad, etc., y de usar las poderosas verdades que se encuentran en este libro para mantenerme en un estado feliz y productivo. Puedo elegir a quién y qué permito influir en mí y también a quién y qué elijo influir.

La vida es buena—vive motivado y desatascado

La Reverenda Jeanne Munsell, D.D. (*Divinitatis Doctor*), M.A. (*Master of Arts*) LMFT nació en Florida y creció en un hogar obrero. A muy temprana edad, Jeanne decidió que quería ayudar a otros y ganarse el derecho de hacerlo.

Dr. Jeanne es hipnoterapeuta certificada internacionalmente, Master Trainer de PNL, terapeuta certificada de pareja y familia (27391 CA). Tiene un doctorado, dos master (teológico y psicológico), y un título de Maestra (licenciatura de la Universidad Estatal de Florida).

"Soy Instructor Certificado (también Master Practitioner y Profesional) en:

- PNL
- Hipnosis (Krasner, Elman, Erickson, Grupo, Escenario, Niños, Inducciones Rápidas)
- Instructora de CORE,
- Técnicas TIME
- Ho 'Oponono (Técnicas de Perdón)
- *EFT*

Sé un poco sobre la necesidad de hacer cambios, no querer cambiar (estar atascada) y de sorprenderme muchísimo por lo fácil que es cambiar. He utilizado estas herramientas en mi propia vida para donar más de 80 kilos de peso corporal excesivo de regreso al universo, superar problemas de salud, mejorar la memoria, librarme de dificultades de aprendizaje y perdonar verdaderamente a los demás. Antes afectada por la diabetes, presión arterial alta, enfermedades del riñón y problemas de visión, ahora estoy totalmente libre de síntomas hasta el punto de que mis nuevos médicos me han pedido que verifique ese diagnóstico / necesidad de tratamiento. Empecé a estudiar y aplicar la hipnosis y PNL en mi propia vida, y he conseguido resultados tan fenomenales que tengo que compartirlos contigo. Estos son secretos ingeniosos que se han utilizado desde tiempos bíblicos."

"Me especializo en la banda gástrica virtual, que tiene la misma tasa de éxito de la cirugía bariátrica, sin las complicaciones de la cirugía. Lo mejor de la banda gástrica virtual es que no hay que perder días de trabajo, nadie tiene que recogerte en el hospital y más gente mantiene su nuevo cuerpo más sano que los que se sometieron a la cirugía. Cualquier cosa que quieras hacer, puedo ayudarte fácil y eficazmente, por lo general en una sola sesión."

Visita mi sitio web www.AbundanTransformation.com o llámame al (888) 832-3261 para una evaluación gratuita

Convierto los Sueños en Realidad.

.

CAPÍTULO SEIS

LOS SEGMENTOS DEL ÉXITO
por Cathy Meyers

Arriba y abajo de la montaña (de pensamientos)

Para Año Nuevo, me tomé unas breves vacaciones (en Palm Springs). Hice una caminata hacia arriba de la montaña. Desde la cima, podía ver no sólo mi hotel sino los alrededores, luego, toda la ciudad, las carreteras a otros lugares y otra ciudad y todo el valle. Mientras miraba la escena pensé qué podía hacer con mi vida que tuviera un mayor efecto, no sólo yo.

Se me ocurrieron varias visiones e ideas que podrían mejorar la vida de muchos, no sólo la mía. Mi intención era hacer una diferencia en un momento en que muchas personas necesitan un cambio hacia lo positivo. Escribí estas ideas inspiradoras con pasión y energía. Escribí con una verdadera sensación de emoción porque podía aportar algo valioso. Mientras escribía, me llegaron más ideas saltando de una a otra. Fue una experiencia "esclarecedora".

Mientras emprendía el camino de regreso a mi habitación, pensé "Está bien, todas estas ideas son fantásticas, pero ¿cómo puedo hacer que suceda?... ¿por dónde empiezo? Fue una experiencia interesante mientras caminaba hacia abajo, pensando cada vez más en los detalles específicos de cómo iba a poner en práctica mis ideas. Cuando regresé a mi habitación del hotel, me puse a organizar mis ideas en notas adhesivas con detalles específicos sobre dónde podía empezar y cómo ponerlas en práctica.

Dos tipos de personas

¿Has notado cómo algunas personas parecen vivir sus vidas en la cima de una montaña? Son las visionarias, llenas de ideas, algunas de ellas con amplias aplicaciones. Luego, hay otras que miran más allá de lo que está delante de ellas, a los detalles y especificaciones.

Me gusta referirme a estas formas de pensar como "fragmentación". Cuando estás pensando en el panorama general, estás "fragmentando hacia arriba." Cuando te fijas en los detalles y eres específico, estás "fragmentando hacia abajo."

Ventajas de ambas – Fragmentación hacia arriba y abajo

En este momento de la historia, una persona puede tener un muy buen ingreso a partir de una muy buena idea. Sin embargo, sin los detalles y un plan de acción específico, la idea no puede despegar. Las personas visionarias son buenas para dirigir una organización o empresa y les va mejor cuando delegan los detalles a otra persona que tenga un don para eso.

Ahora, es cierto que si eres una persona visionaria que "fragmenta hacia arriba" podrías impacientarte con alguien que quiere saber todos los detalles, o cómo vas a hacer lo que estás diciendo. Una persona que "fragmenta hacia abajo" podría no ver ninguna aplicación práctica de tus grandes ideas. Incluso podrías interpretarlo como que quiere "arruinar tus planes". El truco es no tomarlo como algo personal y simplemente darse cuenta de que la persona piensa en un tamaño de fragmento diferente que tú. ▀▄▀

Por otra parte, si eres detallista y fragmentas hacia abajo, puedes aburrir a un visionario discutiendo los detalles de un proyecto. Éste puede no ver el valor de tu atención a los detalles. De nuevo, no es nada personal. Está viendo las cosas desde la cima de la montaña y tú las estás viendo desde el nivel de la habitación del hotel. ▬ ▬

Ambos puntos de vista son muy valiosos.

Fragmentar para motivarse y no abrumarse

¿Alguna vez te aburriste o te desinteresaste en un proyecto? Ya sea que acabes de empezar o vayas a la mitad, lo que debes hacer es fragmentar hacia arriba. Lo más probable es que te hayas empantanado o atascado en los detalles. Fragmenta hacia arriba, al panorama general…
la razón por la que lo estás haciendo. Si haces esto, ¿qué te permitirá o qué hará por ti? Sigue preguntándote cosas hasta que encuentres tu motivación… hasta que te emociones y sientas entusiasmo acerca de tu propósito y la verdadera razón por la que lo estás haciendo. Lo más probable es que termines conectándote de alguna manera con uno de tus valores principales.

¿Y si estás abrumado? Simplemente fragmenta el proyecto en partes, puedes dividirlo usando un calendario y tomando nota de las fechas de vencimiento o plazos. Otra posibilidad es dividir la tarea en secciones que puedas delegar a otros o a diferentes grupos. Luego haz un calendario para cada sección. El objetivo es llegar al menos a un paso que puedas hacer hoy o ahora mismo. Fragmentar hacia abajo también te puede ayudar a asegurarte de que estás siendo realista.

Fragmentar en grupos y equipos

Se puede usar el mismo método para la motivación de grupos y equipos. Para que todo el grupo participe, fragmenta lo suficientemente hacia arriba como para alcanzar un acuerdo. Cuando todos están de acuerdo en el panorama general o el propósito del grupo o actividad, los detalles no parecen ser un punto de estancamiento. Entonces, para empezar, fragmenta hacia los detalles.

Puedes asignar tareas según el estilo de fragmentación de cada persona, para que todos sean más productivos.

Cuando trabajes con un equipo o junta directiva que está negociando con otro equipo o junta, fragmenta hacia arriba tu grupo para llegar a un primer acuerdo común, así están todos de acuerdo antes de reunirse con la otra parte. Si tu equipo se divide en algún momento, tomen un descanso o programen otra sesión hasta que estén de acuerdo en lo realmente importante.

También ayuda hacer este ejercicio para resolver conflictos dentro de tu vida. Fragmenta las "partes" hacia arriba, a lo más importante. Te darás cuenta de que están de acuerdo después de todo.

Fragmentar te ayuda a comunicarte y conectarte

Después de escuchar hablar a alguien, por lo general durante un ratito, puedes tener una idea de con qué nivel de fragmentación está pensando, desde el panorama general (fragmentar hacia arriba) o los detalles específicos (fragmentar hacia abajo) o algún punto intermedio. Estar consciente y darte cuenta del "tamaño de fragmentación" de alguien puede ayudarte a comunicarte y a hablar al mismo nivel. Esto te ayudará a conectarte con la gente desde su punto de vista. Después de haber conectado desde su punto de vista y de tener algo de rapport, prueba este pequeño ejercicio. Fragmenta hacia arriba preguntándoles qué es realmente importante para ellos.

También puedes fragmentar hacia abajo pidiéndoles que detallen cómo aplicarían su plan. Si lo haces, puedes llegar a conocer realmente a una persona y quizá incluso ayudarla a aclarar algunas cosas por sí misma.

Fragmentar para tener reuniones productivas

Antes: Empieza identificando qué resultados positivos te gustaría tener de la reunión. Fragmenta hacia arriba hasta el panorama general. ¿Por qué estás haciendo esta reunión, en primer lugar? Asegúrate de concentrarte en los aspectos positivos —las cosas que quieres—, no en los aspectos negativos —las cosas que no quieres. Esto será útil para mantenerte a ti y a todos concentrados en el objetivo.

Luego, fragmenta hacia abajo hasta el "procedimiento de evidencia". Lo que esto significa es que tomes nota de lo que es necesario que ocurra (la evidencia) para que sepas que tienes los resultados que te proponías.

Sé específico con relación a cómo saber que has alcanzado el objetivo o resultado.

Durante. Recuerda que ambos puntos de vista son importantes, valida la sugerencia de otra persona antes de rebatirla con algo diferente.

Manejo del desacuerdo: Cuando tengas problemas para conseguir que todos estén de acuerdo, fragmenta junto con el grupo hacia el panorama general de lo que todos quieren lograr. Pregunta, ¿por qué estamos aquí, en primer lugar? Cuando todos se ponen de acuerdo sobre un punto común, es más fácil fragmentar hacia abajo hacia los detalles de cómo se va a lograr. Cuando alguien se atasca en un detalle, recuérdale el panorama general.

Al hacer una propuesta:

Primero: Expresa tu motivo. Brinda sólo 1 o 2 razones (panorama general). Dar más razones presenta más oportunidades para el desacuerdo. Probablemente se elija la más débil.

Segundo: Explícalas

Tercero: Presenta la propuesta (No al revés)

Fragmentación para vendedores

Por ejemplo, si eres agente de bienes raíces y estás mostrando casas, cuando los clientes se estancan en los detalles de lo que quieren en una casa, o las parejas no están de acuerdo, fragmenta hacia arriba a lo más importante —el panorama general.

¿Qué puedo aprender de esto?

1) A apreciar otros puntos de vista diferentes del tuyo. Ayuda a que puedas ver las cosas como "diferentes" en lugar de "correcto" o "equivocado". Ayuda a validar/apreciar el punto de vista de otro antes de plantear el tuyo.

2) Ambos estilos de pensamientos son valiosos. Nos necesitamos mutuamente.

3) Reconocer el estilo de fragmentación te ayuda a conectarte con la gente a su nivel. Aprendes a ser flexible en tu conversación.

4) Te ayuda a buscar situaciones de ganar/ganar y a evitar ver las cosas como correctas o incorrectas.

Cathy Meyers es Master Practitioner e Instructora de PNL y Time Line Therapy™, hipnoterapeuta certificada e instructora para el éxito. Es experta en desatascarse combinando estas herramientas con creencias y valores cristianos.

Es copropietaria de The NLP Solution en www.TheNLPSolution.com. Contáctala en cathymycoach@gmail.com

CAPÍTULO SIETE

¡Enciende tu televisor personal!

por Val Rensink

¿Cómo sería Tu Sistema de TV Personal?
¡Tómate un momento y diséñalo conmigo!

¿Cómo afecta el sonido a la motivación?

Permíteme compartir contigo cómo sería mi sistema personal de TV. Justo al lado de la parte superior de mi cabeza, tendría que comenzar con el sonido. Sería un sistema de sonido Bose. ¿Puedes oír lo bien que sonará? Con bocinas negras muy pequeñas, unos cubos chicos colocados alrededor de la habitación para un sonido estéreo, envolvente, direccional y demorado. Habría una gran bocina para los graves. Creo que lo pondría en el fondo de la sala. Este Bose sería capaz de reproducir todos los sonidos que se escuchan en la vida normal y mucho más. Además, tendría la capacidad de hacer esas distinciones precisas entre un susurro y la caída de un alfiler. Podría reproducir toda la gama de sonidos desde el potente rugido del mar hasta los gritos penetrantes de la gaviota.

Si hubiera dos voces hablando…podría separar el sonido en dos conversaciones, una a cada lado de la habitación. ¡Qué increíble sonido produciría! Con este sistema de sonido, el tema de 2001 Odisea en el Espacio permitiría escuchar todas sus notas escalofriantes y sorprendentes. Con este sistema de sonido, las tormentas distantes de Yellowstone retumbarían en el aire y sacudirían el suelo. Con este sistema de sonido, se podría escuchar el sonido del maíz creciendo y me invitaría a oírlo de cerca.

71

El diseño del Bose permitiría que mis oídos fuesen el juez final. ¿Los bajos están muy fuertes? Bájalos al nivel justo. Se reproduciría el tono sin un sonido lento, turbio, espeso, impreciso. Sería rápido, limpio, ajustado y preciso. ¡Oh! Puedo oír el ataque y la demora del tambor de una banda de rock.

¿El rango medio se siente hueco o encajonado? Llénalo, oído. ¡Perfecto! Este sonido tiene energía. Sería dulce, suave como el terciopelo. ¿Los agudos suenan como lata? Haz que se expandan, como si el sonido de los agudos te levantara. El Bose me permitiría colocar el sonido centrado o como el lejano ruido de un tren. Oigo cuando se acerca y luego pasa. Se podría decir que el sonido sería tan bueno que podría sentir el *swoosh* del tren resonando dentro de mí. ¡Oh!, sería un gran sistema de sonido, uno que podría crear y cambiar.

¿Me sigues? ¿Puedes oír los sonidos? Confía en tus oídos.

Creo que ya tienes una idea de lo importante que es el sonido para mí. Quizá también lo sea para ti. O tal vez te interese más la imagen. Analicémoslo.

¿Cómo afectan las imágenes a la motivación?

Entonces, imagina conmigo una pantalla de plasma de alta definición, de 60 pulgadas. (Puedes decidir: Sony, LG o la que sea mejor). La pantalla podría reproducir todos los colores que puedas imaginar. Podría reproducir todos los espectros de intensidad de la luz. La pantalla me permitiría ver una imagen. Para tener más diversidad, me permitiría poner un cuadro dentro del cuadro. Podría ver dos imágenes similares o dos diferentes al mismo tiempo. Podía elegir qué imagen estaría al frente y al centro.

¿Puedes sentir cómo aumenta mi excitación? Yo puedo. Podría estar viendo una imagen y otra sobre algo que realmente me interesa sólo en un rincón. No, no estoy duplicando. Dirijo mi vista a lo que más me interesa. Sí, podría conectar mi DVD blue ray o mi consola de juego

PlayStation. ¡Oh, Dios mío, esto es muy divertido! Puedo poner la clase de imagen que quiero y cuando quiero. Mi pantalla de televisión personal es impresionante.

Ahora, veamos un aspecto de la pantalla de baja tecnología. ¡El Humilde Soporte de montaje! El soporte de montaje me permite orientarla a donde quiera. Es un soporte móvil con una función telescópica. Puedo acercar la pantalla o ponerla de nuevo contra la pared. ¿La quiero en el piso? Ahí va. ¿La quiero en el techo? Ahí va. (Sí, controlo hasta las cosas más básicas, como un humilde soporte de montaje.) Ahora pasemos a un elemento de mayor tecnología: el mejor control remoto del mundo.

El control remoto es simplemente el mejor del mundo. Tiene botones grandes y bien marcados. Tiene una ergonomía elegante y moderna. Tiene la magia de corregir la imagen con un solo toque. ¡Este control remoto tiene incluso una función de auto búsqueda para que no se pierda nunca! (A pesar de que estoy hablándote sobre la capacidad de controlar la pantalla, puedes darte una idea de este control remoto, ¿no?) Sostener el control remoto me recuerda ese viejo programa de televisión "La Dimensión Desconocida". ¿Recuerdas la parte inicial del monólogo y lo que decía?

"No le pasa nada a su televisor. No intente ajustar la imagen. Estamos controlando la transmisión. Vamos a controlar el horizontal. Vamos a controlar el vertical. Podremos desenfocarla ligeramente, o afinarla a la claridad del cristal. Siéntese en silencio, y durante la próxima hora vamos a controlar todo lo que vea y oiga."

Bueno, repito, no hay nada de malo con tu televisor. Controlarás la transmisión. Controlarás el horizontal. Controlarás el vertical. Me sentaría a ver y ajustaría los controles como quisiera. Tomaría el control remoto y ajustaría la imagen para que produjese los más increíbles tonos, matices, colores y brillo. Controlaría horizontal y vertical. Podría hacer que los colores vibrasen como el tañido de campanas de plata o repicaran como campanas de bronce. Los colores se reirían, bailarían y se lamentarían. Los colores tendrían alma, pasión, vida y muerte. Los rojos serían rojo sangre y los azules del color del océano.

Sí, en algunas de las imágenes, como una comida a la luz de las velas o un paseo nocturno a la orilla del mar a través de los bosques de Pfeiffer, Big Sur, me gustaría atenuar la luz. La suavizaría a un tono azul suave. Sabes lo que quiero decir. Crearía un cierto sentimiento de cercanía o intimidad. En otras películas, como una de fútbol u otros deportes de acción, aumentaría las luces, no tanto como para lavar la imagen. Ajustaría el contraste y la nitidez de la imagen para que fuese brillante y clara.

Entonces, creo que ya tienes una idea de lo importante que es la imagen para mí. Supongo que también podría ser así de importante para ti. Tal vez por un momento te estás dando cuenta de cuántas cosas hacen que una imagen sea impresionante. Y quizá apenas ahora te estés dando cuenta que la imagen (y los sonidos) ayudan a producir sensación. Y las sensaciones son muy importantes.

Ahora pasemos a nuestra próxima experiencia de encender tu televisor personal. Quizás hubieras empezado por describir cómo te sientes cuando estás enganchado viendo televisión.

¿Cómo afectan las sensaciones a la motivación?

Comprendamos esto. El particular sonido y la imagen particular de mi televisor personal están allí para producir una cierta sensación. Si estoy viendo a Mel Gibson en *Corazón Valiente* con mi hijo, quiero que las escenas de batalla nos hagan sentir la excitación y el peligro. Quiero que mi corazón se acelere y mi atención se concentre. Cuando veo *Mujercitas*, de Louisa May Alcott, con mi hija, quiero que sintamos la pobreza de Meg, Jo, Beth y Amy, sentadas en su sala lamentándose, y a pesar de que una compasión triste no es mi sentimiento favorito, es adecuada a los sonidos y las imágenes que tenemos enfrente.

Una de mis escenas favoritas de *Star Wars* (porque tiene tanto acción como romance) es cuando la princesa Leia besa a Luke Skywalker justo antes de escapar de los guardias imperiales a través del abismo.

Ahora, me doy cuenta que puedo aumentar mis sensaciones cuando enciendo mi televisor. Podría introducir un Código de Movimiento DBox. Si no has tenido la oportunidad de hacerlo, permíteme compartir contigo cuánto agrega esto a la experiencia de sentir. La silla en la que estás sentado responde a todos los sonidos y las imágenes que estás escuchando y viendo. ¿La acción de la película te pone al borde de una colina y luego hacia abajo? Tu silla intensifica lo que ves, subiendo y bajando. Esto parecido a lo que siente un turista en "Star Tours" en Disneylandia. Este Código de Movimiento DBox ayuda a meterte literalmente dentro de la película. Este sistema de movimiento ayuda a reforzar la experiencia de las imágenes y los sonidos que estás viendo y oyendo. Es único, ya que te sumerge en una experiencia realista.

Sé que todo esto está avanzando hacia una realidad virtual. Piensa en las películas *Lawnmower Man* o la más reciente *Tron Legacy*, que contienen aspectos de realidad virtual. No estás viendo la acción, estás dentro de la acción.

Así, cuando <u>enciendes tu televisor personal</u>, estás inmerso y realzas una experiencia con sonidos, imágenes y sensaciones ideales para ti.

¿Cómo afecta esto a la motivación?

Entonces, ¿qué tiene que ver todo esto con la motivación? ¿Cómo te pude ayudar a mantenerte motivado? ¿Te gustaría controlar tu motivación personal?

Ahora puedes. Ya tienes dentro de ti imágenes, sonidos y sensaciones.

Me gustaría que tomaras una película de algo agradable que te haya pasado, algo pequeño. Quizás hayas estado en Disneylandia y puedas recordar un momento agradable allí. Por otra parte, tal vez hayas estado en algún lugar favorito en un día determinado que resultó a la perfección. En el ojo de tu mente, ve a ese lugar ahora mismo. Simplemente flota hacia allí ahora y flota dentro de tu cuerpo para ver lo que viste y oír lo que oíste y sentir lo que sentías.

(Mientras haces este ejercicio —por favor, hazlo— si tienes que hacer una pausa o abrir los ojos durante el ejercicio, está bien. Haz esa pausa y luego regresa a donde estabas, ahora.)

Ahora, concentrémonos en algunas cosas importantes.

¿Qué sonidos son importantes para ti? ¿La voz de alguien especial? ¿El sonido de la música? ¿Hay sonidos de fondo que realmente enriquecen ese día en particular? Escucha esos sonidos ahora, lo mejor que puedas recordarlos.

Visualiza ese día. ¿Cómo era el clima? ¿Estabas adentro o afuera? ¿Qué había a tu alrededor? ¿Quién estaba contigo? ¿Cómo eran los colores? Recuerda todo ahora. Recuerda las vistas y los sonidos de ese día determinado. ¿Qué sensaciones sientes? ¿Te trae recuerdos de felicidad, tranquilidad, emoción o qué? ¿Cuál es la sensación de ese día? Ahora, *enciende tu propio televisor personal.*

Primero, quiero que ajustes la imagen. Que sea más brillante. Hazla más brillante, pero no la dejes "lavada".

Ahora fíjate qué sientes. ¿Te hace sentir mejor? Ajusta esa imagen para que te haga sentir lo mejor que pueda. Ajusta la claridad. ¿Te sientes mejor? Ajusta la riqueza de los colores. ¿Te sientes mejor? Visualiza ese día de manera tal que si se tratara de una comida, estuvieras relamiéndote. (Sí. Igual que algunos anunciantes en Madison Avenue). ¿La imagen aún parece una instantánea? Haz que se mueva y fíjate qué pasa con tus sentimientos. ¿La foto es panorámica? Entonces, enmárcala. Si está enmarcada, experimenta haciéndola panorámica. Fíjate cómo te hace sentir más vivo y vibrante. Luego, mantenla en esa posición.

En segundo lugar, quiero que ajustes los sonidos de esa película. Toma los sonidos de ese día y hazlos más fuertes. ¿Se siente mejor así? Luego, hazlos más suaves. ¿Se sienten mejor? Aparta el sonido de ti. ¿Se siente mejor así? Baja el sonido. ¿Está mejor así? Creo que ya te das una idea. Pon el sonido, ajústalo y permite que tu oído sea el juez. Haz que la escucha del sonido sea perfecta para que haga surgir los mejores sentimientos dentro de ti.

Tercero, finalmente, quiero que ajustes los sentimientos. Hay mucho en los sentimientos. Fíjate cómo te sientes por dentro. Cómo te sientes sintiéndote realmente bien ese día. Cómo sientes la temperatura, la brisa, el sol en tu cara. Haz esos ajustes y pregúntate "¿Así se siente mejor?"

Como nota al margen, si ese día comiste algo y tenía buen sabor, aumenta el sabor y pregúntate "¿Así está mejor?" Si sentiste el olor de las flores o los pinos o algo que te gustó, auméntale la fragancia y pregúntate, "¿Ahora se siente mejor?" (Si alguna vez has hecho el paseo desde California Adventure a Disneylandia llamado *Volando sobre California*, sabrás la importancia de la fragancia. La fragancia de los naranjos, los pinos y el aire salado del océano enriquece el paseo.)

Una vez que tengas todo listo, mantenlo y fíjalo así (me gusta pensar en el sonido de una puerta de Mercedes Benz que se cierra para dejarlo fijo en su lugar). Tienes la Imagen, Sonido y Sentimiento de la película. Tienes el gusto y el olfato de la película. ¡Tienes todo! Ahora que hiciste lo mejor, pregúntate "¿Esto te motivará?" La respuesta debería ser un sí y debe ser un sí, si realmente hiciste el proceso tal como lo describí. Recuerda, la primera vez es práctica y la segunda vez se hará solo.

Bono
¡Enciende tu televisor personal!
Motívate para tener éxito.

No te prometí un bono, pero de todos modos lo obtienes. ¿Te gustaría tener la sensación de motivación y usarla para tener éxito? Y, más importante aún, ¿para tener éxito en algo que no hayas hecho todavía?

Lo puedes hacer así. En primer lugar, toma esa película motivadora con todas las imágenes, sonidos, sensaciones, sabores y olores adecuados. Asegúrate de fijarla firmemente en su lugar. Ahora, evoca la película de algo que no te dé esa sensación de motivación. Quizás estés enfrentando algo que te da una sensación de incertidumbre.

Ahora, esto es realmente importante. Quiero que te fijes en una o dos cosas diferentes entre las imágenes. Permíteme sugerir que observes si la imagen es aún la de menor motivación (y si la imagen tiene movimiento en la más motivadora). Eso sería muy bueno. O permíteme otra sugerencia: que observes la diferencia en la ubicación de la imagen. (Digamos que la menos motivadora está lejos y la más motivadora está cerca. Esa es una buena diferencia). ¿Y luego qué? Digamos que la mejor diferencia entre las dos es el movimiento, que la motivadora está en movimiento y la menos motivadora está fija.

Escucha con atención, quiero que visualices tu imagen menos motivadora, y quiero que le pongas movimiento. Y, una vez que se esté moviendo, quiero que la mantengas fija allí.

Luego, tómate un momento. Aclara tu mente; mira por la ventana. Párate y camina, si quieres. Y cuando te sientes de nuevo, pregúntate "¿Cómo me hace sentir la imagen menos motivadora?" Mi predicción es que te sentirás muy motivado. Estarás motivado para el éxito. (Por cierto, esto funciona el 100% del tiempo.)

Bien, gracias por leer mi capítulo y nuestro libro. Agradeceré tus comentarios y preguntas.

Val Rensink es Entrenador e Instructor Personal. Trabaja con grupos o individualmente. Tiene experiencia en la venta de bienes raíces y automóviles. Su lema es: "Me especializo en los resultados."

Entrenador Certificado en PNL, Entrenador Certificado en Hipnosis, Profesional en Técnicas TimeLine, Profesional en Coaching para el Éxito, Corredor de bienes raíces con licencia.

Val es co-propietario de The NLP Solution en www.TheNLPSolution.com. Para ponerse en contacto con Val, envíale un email a: ValMyCoach@gmail.com

* A fin de cuentas, la motivación es una sensación. Así que los sonidos y las imágenes que experimentamos, evocamos y creamos, ayudan a formar las sensaciones de motivación.

CAPÍTULO OCHO

ESTADOS Y ANCLAS

por Ronald Berg

¿Te gustaría que te enseñase una manera de cambiar tu estado emocional a voluntad? ¿Te gustaría que te mostrara cómo hacerlo y te enseñara las herramientas para que puedas tener confianza, alegría, ingenio o cualquier otro estado emocional positivo al instante y a voluntad? ¿Sería valioso para ti? Por supuesto que sí.

Muchas personas piensan en su estado emocional como una especie de sustantivo. En otras palabras, algo que tienes o capturas o tienes que enfrentar, en lugar de un sentimiento que tenemos, que cambia en función de nuestra respuesta al mundo que nos rodea. Esta creencia limitante nos quita el control sobre nuestras propias emociones. ¿Alguna vez oíste a alguien decir que sufre de depresión? Lo que hicieron fue transformar ese estado de sentimientos de depresión en algo que podríamos llamar un "seudo sustantivo."

Dado que no se puede poner la depresión en una carretilla ni en cualquier otro recipiente, no tiene forma física en absoluto. Entonces, por definición, no es un sustantivo. Incluso alguien que sufre de sentimientos de tristeza puede ayudarse a sí mismo eliminando esta creencia limitante. Los estados emocionales tampoco son metas. ¿Alguna vez escuchaste a alguien decir que quiere ser más feliz en Año Nuevo o en el futuro? Esto es tomar un estado emocional y tratar de transformarlo en una meta, pero una meta es algo que comprende pasos y toma tiempo, mientras que un estado puede experimentarse instantáneamente.

Puedes cambiar tu estado instantáneamente. Te pido que pienses en un buen recuerdo de tu pasado, un recuerdo feliz específico de cuando estabas en unas vacaciones increíbles o cuando sucedió algo realmente bueno. Imagínate flotando de regreso a ese momento, viendo todo lo que viste, oyendo todo lo que oíste y sintiendo todo lo que sentías. Realmente siente esa felicidad interior. Si en este momento no tienes esos sentimientos de felicidad interior, hiciste mal el ejercicio. Hazlo de nuevo y, esta vez, experimenta esos sentimientos.

Felicitaciones, sólo haciendo eso tu estado cambió y lo hizo instantáneamente. Depende de ti determinar cuánto tiempo durará ese cambio de tu estado emocional. No tuviste que seguir ningún paso ni superar obstáculos, todo lo que tuviste que hacer fue pensar en él, y lo cambiaste. Las metas implican pasos a seguir y siempre hay obstáculos que deben superarse para alcanzarlas.

Tiene que haber obstáculos porque, si no los hubiera, ya lo tendrías. Una meta también es medible, mientras que un estado es infinito o no medible. ¿Cómo se mide más felicidad? No se puede; pero sí se puede medir una meta u objetivo.

Es muy importante comprender esto a medida que avanzamos a hablar de las anclas y las formas de adquirir las herramientas y recursos para cambiar nuestro estado de forma instantánea y a voluntad.

Cuando era niño, lo único que pensaba cuando oía la palabra "ancla" era en arrojar un gancho de acero en el fango del fondo de un lago para mantener nuestro barco seguro y en un solo lugar. Cuando estaba estudiando PNL, aprendí un nuevo significado de la palabra. El anclaje en la PNL se basa en los experimentos que hizo un científico llamado Pavlov con su perro.

Lo que sucedió fue que Pavlov notó que su perro salivaba cuando veía llegar la comida. Esto significa que el perro se estaba preparando para la comida, incluso antes de empezar a comer, a nivel inconsciente. El aumento de la saliva es parte de la digestión normal y ocurre cuando la comida está en nuestra boca. La revelación fue que el cuerpo puede empezar la digestión con sólo ver la comida.

La siguiente pregunta lógica fue si un proceso inconsciente como la digestión puede provocarse sin ningún tipo de alimentos, sólo vinculando los alimentos a un disparador externo. En este caso, una campana que haría sonar Pavlov. Entonces, Pavlov comenzó a hacer sonar una campana a la hora de la comida cuando se la mostraba al perro. Después de hacer esto en cada comida, el perro llegó al punto en que lo único que tenía que hacer Pavlov era tocar la campana sin mostrarle ningún tipo de alimento para que el perro empezara a salivar. Lo que hizo fue anclar el sonido de la campana a la comida, a nivel inconsciente. Así el perro inconscientemente se prepararía para comer con la campana, de la misma manera que lo hacía cuando realmente veía la comida. En el mundo de la terapia esto se llama "psicología del comportamiento", o el estudio de lo que afecta nuestro comportamiento.

Lo interesante es que en un tiempo se creía que las personas, siendo mucho más complejas que los perros, no responderían tan fácilmente a este tipo de programación. La realidad es exactamente lo contrario. La gente es mucho más compleja, y debido a esa complejidad, responde más rápido y más fácilmente a este tipo de programación. De hecho, lo hacemos todo el tiempo.

Yo crecí en Lake Tahoe, una hermosa zona que sigue siendo tan increíble hoy como lo era cuando yo era niño. Uno de los mayores hitos de mi ciudad natal era un árbol en medio de la carretera, en el centro de la ciudad. Era un pino gigante que se podía ver apenas entrabas a la ciudad. Todavía voy allí de vez en cuando y cada vez que llegaba a la ciudad, veía el árbol y de inmediato me inundaban sentimientos agradables de paz, alegría y todos los otros sentimientos positivos de estar en casa. Yo había anclado, sin saberlo, esos sentimientos a ese árbol.

Hace unos años, cortaron el árbol. Desde entonces, los sentimientos de paz increíble que tenía apenas llegaba a la ciudad, desaparecieron. El anclaje positivo que asociaba a casa ya no estaba. Todavía me encanta la ciudad y disfruto la visita, pero todos esos sentimientos que me encantaban cada vez que llegaba a la ciudad, se habían ido. En el mundo de la PNL, se diría que alguien arruinó mi ancla. En otras palabras, la eliminó. Si bien ese anclaje era muy fuerte y positivo, también podemos tener anclajes negativos.

Los anclajes negativos suelen ocurrir por accidente. Un ejemplo perfecto de un anclaje negativo es cuando una madre levanta y abraza a su hijo cada vez que se lastima. Es algo natural hacerlo, pero si ese es el momento principal en que lo abraza, a continuación, esos sentimientos de dolor y malestar pueden anclarse accidentalmente al abrazo de esa persona. Los niños empiezan a sentirse incómodos abrazando a su madre, y con frecuencia se separan del abrazo por reflejo para evitar esos sentimientos.

Yo personalmente he visto a un niño alejarse de un padre tratando de abrazarlo y correr hacia el otro por consuelo. El padre hacia el cual corre es el que no ha establecido, sin saberlo, un anclaje negativo a su abrazo. ¿Significa esto que creo que los niños no deben ser consolados cuando están enfermos o lastimados? ¡Por supuesto que no! Pero se debe tener cuidado de mantener conscientemente al abrazo como un ancla positiva.

La forma de prevenir los efectos negativos del anclaje al abrazo es asegurarse de abrazar más al niño por razones positivas, como alabarlo por algo que logró, en acontecimientos felices y sólo para demostrarle que lo amas, con mucha más frecuencia de lo que lo haces por las negativas, como cuando se lastima o se enferma, y quieres consolarlo. Así estás haciendo un mejor trabajo de consuelo. Si estableces el abrazo como un potente anclaje positivo, se sentirá mejor y será más reconfortante para el niño cuando le des ese abrazo de consuelo.

El anclaje no se establece en el primer evento. Son los hechos repetidos los que fijan el anclaje. Te habrás dado cuenta que si tu pareja te mira de cierta manera, de inmediato te sientes molesto. Nada se ha dicho todavía, pero ha "disparado tus emociones." Este es un ejemplo perfecto de un ancla que se estableció con el tiempo.

La primera vez que te miró de esa manera, es probable que no haya tenido ningún efecto negativo. La segunda vez, tu inconsciente volvió a la primera y eso aumentó tu respuesta. Esto continuó hasta que el ancla se estableció firmemente, y mirarte con esa expresión es suficiente para activar las emociones negativas.

Es posible fijar un anclaje en un solo evento, pero las emociones para establecerlo tienen que ser muy fuertes. Una fobia sería un ejemplo de un anclaje extremadamente negativo. Por ejemplo, un niño que estuvo a punto de ahogarse. Las emociones muy poderosas de miedo y ansiedad se fijaron de inmediato al agua hasta el punto de que siente mucha ansiedad y miedo cada vez que se acerca al agua. Hay casos de personas que tuvieron alguna experiencia traumática, y ahora, cada vez que están en una situación similar, tienen una respuesta fóbica inmediata. Algunas han pasado por años de terapia para poner la fobia bajo control. A nivel consciente, pueden entender por qué reaccionan como lo hacen, pero cada vez que se encuentran en esa situación, surge la fobia. ¿Por qué?

Bueno, porque el problema no es consciente. Ellos no deciden que allí hay una alberca y que deben tener un ataque de pánico. Sucede a nivel inconsciente, por eso no puede tratarse con terapia consciente. Eso sucede porque, simplemente, no se puede solucionar un problema inconsciente a nivel consciente; hay que solucionarlo a nivel inconsciente.

Estoy seguro de que, en algún momento de tu vida, sentiste una emoción provocada por un lugar u olor. Lo que demuestra esto es que puedes cambiar tu estado emocional al instante. Si sólo un olor o una imagen puede provocar un cambio emocional, entonces puedes tener control sobre tus emociones. Puedes alterar o eliminar completamente los "disparadores" que te producen emociones negativas, derrumbándolos. En el caso de las emociones positivas, puedes usar los anclajes para instalar las emociones que quieras. Uno de los recursos más útiles de anclaje es el círculo de poder.

Un círculo de poder es un recurso de anclaje que se arma con todos los recursos que necesitas para tener poder. Es un círculo virtual, no real. No quieres ni necesitas un círculo que esté físicamente en el piso para cargarlo de poder porque quieres llevarlo contigo y usarlo en cualquier parte. La técnica es fácil de hacer y muy poderosa. Para eso, nos basta con seguir algunos pasos muy fáciles. El primer paso es imaginar un círculo de poder en el suelo delante de ti. Estando de pie, imagina que el círculo de poder está esperando que lo cargues con todas las herramientas que necesitas para sentirte completamente poderoso.

El siguiente paso es evocar un recuerdo en el cual experimentaste un estado positivo fortalecedor. Usaremos varios estados diferentes para cargar realmente el círculo.

Así que pregúntate, ¿puedes recordar un evento pasado en el que te sentiste hábil? ¿Uno en el que sabías que tenías todas las herramientas para lograr tus metas? ¿Puedes recordar un acontecimiento específico? Muy bien. Imagínate que te remontas a ese momento exacto donde sentiste ese estado de habilidad. Flota hacia abajo a tu cuerpo, viendo lo que viste, oyendo lo que oíste y sintiendo todas las sensaciones de ser increíblemente hábil. Cuando sientas que las emociones llegan al máximo, imagina que ese poderoso recurso llena tu pecho y baja por tus brazos. Dirige ese recurso para verterlo en el círculo de poder frente a ti.

Permite que fluya completamente desde tus brazos al círculo. Luego, ¿puedes recordar otro evento en el que te hayas sentido hábil y capaz? Cuantos más acontecimientos representen el estado que quieres, más poderoso será el círculo de poder. Este es realmente un caso donde más es mejor. Después de pasar por dos o más eventos en los que estuviste en ese estado y cargar el círculo con ellos, pasa a otros estados para ser más poderoso.

Para cada estado que uses, piensa en un evento pasado en el que estuviste en ese estado. Que sea un evento específico; los generales no tienen la misma intensidad que los específicos. Imagínate flotando de nuevo hacia tu cuerpo en ese caso específico. Realmente siente como si estuvieras allí. Recuerda los sonidos, las imágenes y los sentimientos de ese recuerdo. Esto hará surgir en ti el estado del recurso. Cuando la emoción llegue a un pico, llena tu pecho con ella y luego hazla fluir desde los brazos para cargar tu círculo de poder.

Algunos de los estados que puedes querer en tu círculo de poder personal son: ingenio, empoderamiento, éxito, confianza, decisión, valentía, felicidad, amor, riqueza, e incluso reírte a carcajadas. Literalmente, cualquier estado positivo que quieras poner allí es válido.

Para todos los estados, avanza de la misma manera a través de cada paso. Una de las preguntas que me hacen cuando ayudo a una persona a hacer un círculo de poder es "¿qué debo hacer si nunca experimenté el estado que quiero?" Bueno, eso también es fácil. Puedes modelar a alguien que pienses que encarna ese estado. Digamos que te resulta difícil recordar un evento del pasado, cuando te sentiste exitoso. Imagínate a alguien exitoso que conozcas o a alguien que sepas que es exitoso. Si tienes un amigo exitoso, imagina cómo se siente y usa eso. Si no crees conocer a nadie, seguramente sabes de alguien. Puede ser una figura pública, como Donald Trump (cuando está en su etapa multimillonaria, no en quiebra), o cualquier otra persona que creas que representa bien el estado que quieres.

Imagínate flotando hasta meterte en su cuerpo, viendo, oyendo y sintiendo ese estado tal como lo haces con tus propios recuerdos. Es muy importante tener en cuenta que tus recuerdos son recursos mucho más poderosos que los que obtienes de esta manera. Así que siempre comienza con los recursos que tienes dentro de ti. Son mucho más abundantes de lo que crees. Ahora que tu círculo de poder está completamente cargado, es el momento de probarlo.

Da un paso adelante y párate dentro del círculo de poder y siente cómo te cubren esos recursos poderosos. Por supuesto, el círculo también es portátil. Sal del círculo, tómalo y simbólicamente dóblalo por la mitad. Luego sigue doblando hasta que sea lo suficientemente pequeño como para ponerlo en tu bolsillo y ponlo allí. No necesitas realmente un bolsillo, sólo ponlo simbólicamente en un bolsillo virtual. Cada vez que necesites estos recursos, simplemente saca el círculo de tu bolsillo y entra en él. Este es tu recurso ahora, puedes usarlo cuando lo necesites. En este momento no has terminado, puedes seguir mejorando tu círculo de poder.

Cada vez que aparece un estado útil, carga el círculo con él. Éste será más fuerte y más útil a medida que tenga más estados anclados a él. Cuando lo necesites o quieras, desdóblalo, ponlo en el suelo y párate dentro de él. Cuando hayas terminado, vuelve a doblarlo y ponerlo en el bolsillo hasta la próxima vez.

Uno de los lugares más comunes para encontrar anclas fuera de lugar es la comida. Millones de personas están comiendo cosas para mejorar su estado de ánimo o sentirse mejor de alguna manera. Lamentablemente, estas comidas no las hacen sentir bien ni son alimentos.

Este sería un ejemplo de los anclajes positivos que se asocian con cosas insalubres. Cuando una persona se siente presionada, estresada o siente que le falta algo, busca la comida que tiene acoplados mayores anclajes positivos. Estos anclajes a menudo empiezan a desarrollarse en la infancia.

Padres, abuelos y otros seres queridos comienzan a darle dulces y refrescos como recompensa por algo que el niño hizo bien. Con el tiempo, se fija un anclaje asociando esas comidas con sensaciones de logro y de éxito.

La sociedad y los medios aumentan este efecto con campañas de publicidad y marketing que muestran personas felices porque tienen esa comida chatarra. También, por supuesto, siempre muestran gente sana y delgada consumiendo todas esas calorías vacías. Esto puede instalar el sabotaje a nivel inconsciente, donde la mente inconsciente anhela estos alimentos para ayudar a la persona a bajar de peso, cuando sucede exactamente lo contrario.

Puede haber otro anclaje establecido como disparador para seguir comiendo, en un plato con comida. Considerando que la mayoría de los restaurantes sirve en un plato suficiente comida como para dos o incluso tres personas, este puede ser un grave problema. Y es especialmente cierto cuando la gente va a su casa y se sirve la misma cantidad de comida. Este anclaje generalmente empieza con la afirmación que deberíamos "limpiar nuestro plato" en lugar de simplemente dejar de comer cuando estamos satisfechos por haber comido suficiente.

Ronald Berg es Master Practitioner en PNL, Técnicas Time, y Doctor licenciado en Quiropráctica. Su experiencia en salud natural le da una capacidad única para ayudar a la persona completa, cuerpo, mente y espíritu. Lo hace abordando las necesidades físicas, emocionales y nutricionales de sus clientes. Vive en Auburn, California donde ofrece servicios de hipnosis y PNL, capacitación, ayuda, y atención quiropráctica para ayudar a la gente a superar sus limitaciones y logar el éxito que desean en la vida. Ofrece un Informe sobre Salud de cortesía a los lectores de este libro (en inglés). Puedes obtener tu informe enviándole un correo a ronaldberg@ unleashedsuccess.com o uniéndote a su página de fans de Facebook llamada "Breakthrough Unlimited" y enviándole un mensaje allí. Coloca el código "breaking through" en el correo o en el mensaje en Facebook.

CAPÍTULO NUEVE

CÓMO TENER UNA META®

por el Dr. César Vargas

Uno de los usos más importantes de los principios de la PNL es para lograr los objetivos. Más que una simple fijación de metas, en mis talleres Metas Certeras nos concentramos en Obtener Metas. Verás, fijamos nuestras metas con nuestra mente consciente, pero las cumplimos (o no) con nuestra mente inconsciente.

Verdaderamente puedes tener CUALQUIER cosa que quieras en la vida, siempre y cuando lo quieras de manera congruente, y no tengas dudas ni pensamientos contradictorios.

Hay una diferencia entre deseos y necesidades. Un ser humano tiene ciertas necesidades. El psicólogo Abraham Maslow desarrolló una pirámide o jerarquía de necesidades. Todos nosotros nos encontramos en algún lugar de esta pirámide en diferentes momentos de nuestras vidas.

Auto-actualización — Moralidad, Creatividad, Espontaneidad, Solución de Problemas, Falta de Prejuicio, Aceptación de los hechos.

Estima — Autoestima, confianza, logro, respeto de otros, respeto otros.

Amor/pertenencia — Amigos, familia, intimidad sexual

Seguridad — Seguridad de: cuerpo, empleo, recursos, moralidad, la familia, salud, propiedad.

Psicológico — Respirar, comida, agua, sexo, dormir, homeostasis, excreción.

La premisa de la jerarquía de necesidades de Maslow es que no podemos avanzar al siguiente nivel hasta haber satisfecho las necesidades de los niveles inferiores. Es posible atascarse en un nivel determinado, lo que puede provocar frustración y ansiedad en nuestras vidas.

Veamos cómo podemos utilizar la forma en que funciona la mente para trascender a un nivel superior.

Por ejemplo, supongamos que una persona está teniendo problemas con las relaciones, no puede mantener un trabajo y ha sido expulsada de un montón de lugares. Esta persona no puede esperar empezar a trabajar en el nivel del amor / pertenencia, si no se ha ocupado de los niveles inferiores de cuestiones fisiológicas y de seguridad.

Para cumplir estas metas y estar seguro de obtenerlas con la ayuda natural de tu mente inconsciente, debes asegurarte que cada una de tus metas siga el proceso de una *META Registrada* (M.E.T.A.®). Cuando usas este proceso de cinco elementos y formulas tus metas así, la META queda «Registrada» en tu inconsciente. Este es el Proceso de una M.E.T.A.®:

M = Mensurable / Mía / Motivadora
E = Específica / Elástica / Emocionante
T = Trascendente / Todas las áreas de tu vida / Tiempo (basada en el,)
A = Actual / Alcanzable / Afirmativa
® = Realista / Regocijante/Rica / Responsable (Ecológica)

Mensurable

Mientras más medible o mensurable sea tu meta, es más fácil determinar cuán cerca estás de obtenerla. Cuando mides una meta, esto te permite manejarla. Cuando declaras tu meta, tienes una medida que puedes alcanzar. Cuando alcanzas tu meta, tienes una clara medida de éxito; sabes que ya la conseguiste. También puedes tener unas metas a corto plazo dentro de tu meta más grande. Estos pueden ser hitos a lo largo del camino.

Imagínate que quieres un tipo de trabajo en particular. El primer paso (la primera medida) es buscar en línea y encontrar los trabajos que encajan con tus habilidades. Luego, tu siguiente medida es formar tu currículum y mandarlo a estas compañías. Después, la siguiente medida es tomar las llamadas para entrevistas, o para segundas entrevistas; y tu meta final es ser contratado para el trabajo que querías.

Puedes crear una lista de estas metas más pequeñas y la PNL te ayudará a derribar cualquier barrera a lo largo del camino.

Declarar «quiero un empleo» no es mensurable. Declarar «quiero un empleo que pague $100 000 al año y tenga tres semanas de vacaciones pagadas con un gran plan de salud y bonos» es mucho más medible. Eso es específico, y es algo que puede ser una medida del éxito. Entre más específicos sean los criterios para alcanzar tu meta (por ejemplo, vacaciones pagadas y un cierto nivel de salario), más seguro estarás de que vas en pos de una meta específica, con detalles específicos que quieres cumplir.

Mía (importante para ti)

Recuerda que una de las directrices principales es que para tu mente inconsciente todo es personal. Tus metas deben darte a TI placer y plenitud. Incluso si estás trabajando para otra persona o compañía, alguna parte de este logro debe ser significativa para ti.

Importante para ti también significa tangible. Siempre sonrío para mis adentros cuando oigo la clásica respuesta de las concursantes de Miss Universo decir que su meta es «La Paz Mundial».

Tu mente inconsciente no sabe qué significa «paz mundial». Es un concepto extraño, demasiado etéreo para entenderlo. Si REALMENTE estás consciente de que quieres trabajar en «la paz mundial», debes traducir esa frase etérea a algo que sea *Importante para ti*, como «Mi comunidad se lleva bien, y los vecinos comparten sus recursos», o algo parecido.

Motivadora

La palabra motivar proviene del latín *motus*, participio de *movere* (mover). Si algo es Importante para ti, tiene que ser lo suficientemente motivador para moverte a entrar en acción. Tus metas no se van a realizar por sí solas. Tienes que hacer algo para conseguirlas; si tu meta no te *mueve*, busca metas más motivadoras.

Tu meta debe ser algo que, con el simple hecho de pensar en ella, te traiga fuerza, enfoque y determinación para alcanzarla. Vive tu vida al máximo y fíjate metas motivadoras.

Específico

Entre más específicamente definas tu meta, más probable es que la logres. ¿Reconoces el blanco con la diana en el centro? Hay sólo un pequeño círculo en medio de círculos mucho más grandes. Puedes considerar tus metas de esta manera. Podrías enfocarte en la esencia de tus metas y reducirla a eso.

Si puedes declarar tu meta en una frase corta, es mucho mejor. Las metas deben ser directas y enfatizar lo que quieres que suceda.

He aquí algunas de las cosas que podrías considerar cuando fijes una meta específica:

¿Cómo? ¿Cómo vas a lograr tu meta?

¿Por qué? ¿Por qué quieres lograr tu meta?

¿Qué logrará cumplir esta meta en tu vida? ¿Satisface una necesidad o un deseo?

¿Qué? ¿Qué harás para alcanzar tu meta? ¿Qué herramientas y técnicas usarás? ¿Qué lograrás una vez que alcances tu meta?

Mientras más claras y concisas sean tus metas, es más probable y más rápido que las alcances. También ayuda a establecer las técnicas de PNL indicadas para alcanzarlas.

Considera esto como si fuera el juego del golf. El objetivo es poner la bola en el hoyo. Esa es la meta del golf. Para lograr esto, debes mantener y posicionar tu palo de golf de cierta manera. Hay trampas y desafíos a lo largo del camino, pero siempre y cuando estés seguro de dónde está tu meta, puedes hacer los ajustes necesarios y alcanzarla. Entre más directa sea la ruta, más fácil es de encontrar.

Tu inconsciente es como un genio de cinco años. Es lo suficientemente poderoso para conceder cualquier deseo que tengas —si sigues el resto de los criterios descritos aquí—, pero debes hacer la petición clara y simple, para que la entienda un niño de cinco años.

¿Qué es lo que quieres, realmente? ¿Cómo explicarías lo que quieres a un niño de cinco años?

Si dices que quieres ser exitoso, ¿qué significa esto? Para algunos, el éxito puede significar no trabajar en un empleo que no les guste; para otros, puede significar vivir en cierta ciudad o un vecindario en particular; para otros más, el éxito puede ser tener una familia amorosa que disfrute de compartir momentos juntos.

El concepto «nebuloso» de *éxito* debe ser traducido a una representación simple y concisa. Lo mismo hay que hacer con *amor, riqueza, felicidad, plenitud* y todas las demás metas que tengas.

Elástica

Imagínate que te fijas una meta de atraer a tu vida al hombre (o mujer) de tus sueños, y tienes una descripción específica de lo que deseas en esa persona. Lo describes con tanto detalle que especificas hasta la estatura y el color de su cabello. Bueno, si recuerdas la directriz de tu inconsciente que dice *Obtienes tu enfoque, así que enfócate en lo que quieres*, puede suceder que la persona de tus sueños esté frente a ti, y debido a que especificaste todas las características con tanto detalle, no notes que esta persona está interesada en ti, y pierdas la oportunidad de ser feliz porque no creaste tu meta de manera elástica o flexible.

Cuando vengas al *Taller de Metas Certeras o al Curso de Certificación de Programación Neurolingüística* conocerás la sencilla frase de cuatro palabras que garantiza que tu meta sea *Elástica*.

Emocionante

Ya mencionamos que tu meta debe ser *Motivadora*. Una manera de asegurarte que tu meta te motive es que la satures de emoción. ¿Qué emociones disfrutarás cuando consigas tu meta? Entra realmente a la imagen de la consecución de tu meta, y vívela con todas las emociones que puedas; esto causará que consigas tu meta más rápida y eficientemente.

Trascendente

El filósofo estadounidense Henry David Thoreau escribió que «La mayoría de los hombres viven vidas de acallada desesperación». Stephen Covey explica en su libro *Primero, lo primero*, que el hombre necesita «vivir, amar, aprender y dejar un legado». Cuando tienes metas trascendentes, satisfaces esta necesidad del ser humano de dejar un legado, de saber que has contribuido a algo que trascenderá tu existencia en esta vida, donde todos estamos meramente de paso. Asegúrate que —cuando menos— algunas de tus metas sean trascendentes.

Todas las Áreas de Tu Vida

Eres un ser humano multifacético y multitalentoso. Como tal, tienes muchas áreas que componen tu vida. La sección de mi libro *Tu Vida Es Tu Obra Maestra,* titulada *Incluye Todas las Áreas de tu Vida* entramos en exquisito detalle acerca de este mismo tema.

Por ahora, dejemos claro que para vivir una vida balanceada y plena, nuestras metas y nuestro crecimiento tienen que ocurrir en todas estas áreas.

¿Alguna vez has conocido a alguien que es genial para hacer dinero, pero sus relaciones personales están por los suelos? ¿Conoces gente que es extremadamente religiosa pero su salud deja mucho que desear? Pueden ser excelentes en un área, pero descuidados en otras áreas de sus vidas.

Las personas verdaderamente exitosas y satisfechas tienen metas en todas las áreas de sus vidas. Mencioné anteriormente que tu meta debe ser específica. Entonces, escribe tus metas en específico para alguna área de tu vida y asegúrate de escribir tus metas en cada área.

Tiempo (basada en el,)

Establecer el marco de tiempo correcto es muy importante para realizar metas. Si quieres adelgazar 20 kilos en un mes, este marco de tiempo no es alcanzable ni realista, como veremos en sus respectivas secciones. La gente adelgaza veinte kilos todo el tiempo. Pero lo hace en un periodo de tiempo razonable.

Es importante establecer un tiempo para realizar la meta. Esto ayuda a mantenerte progresando y a tener un tiempo de llegada. Cuando reservas un vuelo a un destino, generalmente revisas cuándo son los aterrizajes de los aviones. Si no ves el tiempo de llegada, esto podría ponerte un poco nervioso. ¿Estará el avión volando en círculos sin rumbo fijo? ¿Hay otros destinos a lo largo del camino? ¿Aterrizará el piloto el avión por un rato para tomar una siesta? Es importante saber cuándo vas a llegar a tu destino.

Establecer un tiempo para alcanzar tu meta se convierte en una promesa que te haces a ti mismo de alcanzarla. Si le dices a alguien que lo verás mañana a las 2:00, le estás haciendo una promesa. Cuando llegan las 2:00, la expectativa es que se encontrarán en el lugar convenido. Establecer un tiempo para las metas es igual. Estás diciendo que en cierta fecha —e incluso en un tiempo específico— alcanzarás tu meta.

Si no estableces un tiempo para tus metas, puede ser demasiado vago. Considera el ejemplo anterior, si le dijiste a tu amigo que se encontrarían esta semana, no tendría esa expectativa de verte, excepto por accidente.

Hace un tiempo, escuché la historia de Mae Laborde, una actriz de 100 años de edad (nació el 13 de mayo de 1909) quien hizo una serie de comerciales para la cadena Fox y el canal FX. Lo más increíble de la historia de Mae es que ¡ella empezó en la industria de la actuación a los 93 años! En una entrevista dijo: «Siempre quise hacer esto» (actuar).

Ella tenía la meta de volverse actriz —quizás hasta fue su pasión—, pero nunca estableció su meta en un tiempo específico. Es imperativo que especifiques tu meta en el tiempo, de lo contrario puedes obtener la realización de tu meta, pero mucho más tarde de lo que puedas imaginar. ¿Qué tal si tienes la meta de encontrar al amor de tu vida? Pasas toda tu vida sin encontrar a esa persona especial. Entonces, en tu lecho de muerte, finalmente ves en los ojos de tu enfermera esa chispa que siempre buscabas. «Tus deseos son órdenes.» Ha sido concedido, pero un poco tarde para disfrutarlo plenamente.

Al no establecer un tiempo para tu meta, no habrá urgencia de alcanzarla. Esto significa que podría empezar en cualquier momento y arribar en cualquier momento. La probabilidad de que realices tu meta sería sólo por pura coincidencia.

Como veremos en los otros criterios para fijar metas, establecer el tiempo para conseguirla debe ser realista y alcanzable. Si te das demasiado tiempo, te puedes aburrir y no estarás muy motivado. Supón que quieres terminar tus estudios. Si dices que en los próximos cinco años quisieras regresar a estudiar, puede que no estés motivado para hacer lo que se necesita para alcanzarlo. Por el contrario, si el tiempo es demasiado corto, como «el próximo mes quiero regresar a clases», puede que esto no sea realista o alcanzable, ya que necesitas inscribirte, presentar exámenes, escribir ensayos, etcétera.

Actual (como si ya fuera realidad)

Cuando fijes tus metas, recuerda que tu mente inconsciente no tiene concepto de los tiempos verbales, excepto el presente. No existe un concepto práctico para el pasado o el futuro. Cuando recuerdas algo del pasado, como un evento traumático, lo que haces es traer esas memorias al presente, y las revives en el *aquí* y el *ahora*. Por eso duelen. Si estaban en el pasado (lo que significa que están acabadas y resueltas), no deberían lastimarte al recordarlas.

Pero no me creas. Experimenta esto por ti mismo.

¿Recuerdas una experiencia «no tan positiva» del pasado que, cuando la recuerdas, ya no te molesta? Eso es algo que está en tu pasado práctico —está terminado.

Ahora, si recordaras una experiencia que todavía te molesta, puedes notar que, en realidad, estás trayendo el recuerdo al presente y lo revives.

Detente.

Lo mejor del pasado es que ya pasó.

Hablaremos más acerca de cómo dejar ir cosas del pasado y cómo dejarlas ahí, pero lo que quiero decir aquí es que sólo puedes experimentar el presente. Entonces, cuando escribas tus metas, debes escribirlas como si estuvieran sucediendo ahora mismo.

Considera esto. Si escribes: «Ganaré $1 000 000», la próxima semana las instrucciones para tu inconsciente continuarán siendo «Ganaré $1 000 000», y un mes después tu inconsciente sigue con «Ganaré $1 000 000», y el próximo año tu inconsciente seguirá pensando «Ganaré $1 000 000», porque el cumplimiento de la meta siempre está en el futuro. Imagínate el haz de luz de los faros de un automóvil; no importa cuán rápido vaya el auto, nunca alcanzará el rayo de luz porque siempre está enfrente.

Escribe tus metas en tiempo presente, «como si ya fueran realidad», como si actualmente tuvieras esa meta. Tu mente inconsciente entiende esto prácticamente.

Alcanzable

No te organices para fracasar. Es adecuado y deseable que te fuerces a ti mismo más allá de tus expectativas normales, pero tienes que asegurarte que realmente puedas lograr la meta que estableciste para ti mismo. Fijar metas poco reales no sólo las hace imposibles de alcanzar, también socava tu seguridad personal para establecer y cumplir metas futuras.

Establecer metas alcanzables también ayuda a motivar tu mente inconsciente a cumplirlas; puedes idear maneras de hacer realidad tus sueños. Entonces crearás una actitud y un panorama positivos, porque sabes que las metas están a tu alcance. Este panorama positivo ayuda a ver claramente las oportunidades cuando se presentan ante ti. Tu mente inconsciente puede dirigirte porque estarás escuchando tu intuición y siguiendo tu propia guía interna. Puedes mejorar esta comunicación por medio de usar las técnicas de PNL consistente y efectivamente.

Si fijas metas inalcanzables no estarás muy motivado. Estarás escuchando más la voz de Don Hablador que a tu mente inconsciente. Empezarás a crear una actitud de fracaso que, en efecto, programará tu mente inconsciente para hacer exactamente eso: fracasar.

Supón que sólo mides 1.52 m de estatura, pero quieres ser piloto de la Fuerza Aérea. El requisito de estatura para ser piloto de la Fuerza Aérea de los Estados Unidos es 1.63 m a 1.96 m de pie; sentado es 83 cm a 1.01 m. Por lo tanto, a menos que tengas menos de 18 años y aún esperes dar un estirón, la meta de volverte un piloto de la Fuerza Aérea de Estados Unidos no es alcanzable. Sin embargo, si quieres ser piloto en una línea comercial o de carga, esto sería más probable, ya que hay diferentes requisitos de estatura para obtener la licencia de piloto comercial. Si te interesa la Fuerza Aérea, puedes explorar otras carreras dentro de la USAF que no tengan los requerimientos de estatura de los pilotos de combate.

Entre más alcanzable sea la meta, más probable es que trabajarás para obtenerla. Si sabes que adelgazar 20 kg en un mes no es alcanzable, la probabilidad de adelgazar en lo absoluto es *muy raquítica*. Sin embargo, si estás buscando adelgazar medio kilo o un kilo por semana, este tipo de meta será mucho más alcanzable.

Afirmativa (hacia lo que quieres)

Hay dos tipos básicos de motivación que rigen todo lo que hacemos: Dolor y Placer. Buscamos evitar el dolor y obtener el placer. En la PNL, esto se conoce como Sistemas de Propulsión.

Si has visto el lanzamiento de un cohete a la Luna, es un evento impresionante. Después de que la cuenta regresiva alcanza el cero, el rugido de los cohetes propulsores llena el aire y un impresionante empuje de 3 538 toneladas vence el abrazo de la gravedad, lanzando la nave espacial en cerca 28 970 kilómetros por hora. La fuerza inicial para escapar de la gravedad de la tierra es inmensa. Pero eso no es todo.

Después que la nave espacial deja la atmósfera de la Tierra, toma muy poco para mantener la velocidad. Después de un rato, mientras la nave espacial se aproxima a la Luna, la fuerza gravitacional de nuestro satélite, de hecho, jala la nave espacial hacia sí.

Es lo mismo con nuestras metas. Puedes tener dos enfoques en cualquier meta en particular. Si el área de tu vida en la que estás trabajando son las relaciones, puedes tener una meta de conocer a la persona que será la compañera de tu vida.

Dentro de esa meta, es esencial saber *por qué* quieres esa relación. ¿Es para disfrutar la vida y compartir tus dones y talentos con otra persona, o es que no te quieres quedar solo?

¿Notas la diferencia?

En la primera *razón*, te estás moviendo hacia algo que deseas (compartirte a ti mismo con otro ser humano), mientras que la otra *razón* está enfocada en lo que no deseas (estar solo).

Al principio, esto puede tomar algo de introspección y honestidad de tu parte. No puedes decir: «Sí, quiero compartir mi vida con otra persona» sólo porque acabas de leerlo. «Sé fiel a ti mismo.» ¿Cuál es la *verdadera* razón por la que TÚ quieres tener una relación?

Es importante saberlo, porque el enfoque de tu trabajo será diferente en cada caso. Imagina si la tripulación del trasbordador espacial está en la zona de despegue, simplemente esperando que la fuerza gravitacional lunar entre en acción para jalarlos. Nunca pasaría nada.

Un Practicante de PNL puede ayudarte a definir tus motivadores Propulsivos (los que te llevan a lo que deseas) y Repulsivos (los que deseas evitar). La mejor estrategia es usar una combinación de ambos. Primero la motivación Repulsiva debe ser lo suficientemente fuerte para ganarle a la inercia —el costo de no hacer nada. Luego, una vez que estás lejos de lo que te hizo comenzar a moverte, te afianzas a la motivación Propulsiva para que te lleve a tu vida óptima, tu Obra Maestra.

Realista

Que sea realista es parecido a asegurarte que tu meta es alcanzable. Esto indica si una meta está personalmente a TU alcance. Puedes tener una meta alcanzable en general, pero que TÚ no la puedas lograr. Esta es la diferencia entre *posible y probable*. Es *posible* que sucedan muchas cosas en la vida, pero eso no significa que sea *probable* que ocurra. Es *posible* ganarse la lotería. Cada boleto tiene la misma oportunidad de ganar en cualquier día dado.

Sin embargo, no es *probable* que te ganes la lotería. Establecer metas poco realistas puede ser tan malo como establefcer metas inalcanzables.

En realidad, podrías seguir motivándote e impulsándote para alcanzar tus sueños, pero «Sé fiel a ti mismo», escribió El Bardo. Y Shakespeare debe haber sabido algo sobre la mecánica del éxito de la mente, porque sus obras están llenas de la filosofía detrás de la vida. En el mundo real, si no eres sincero contigo mismo, las consecuencias pueden ser fatales.

Por ejemplo, supón que quieres ser médico. Ciertamente, esto se puede lograr. Mucha gente se convierte en doctor; pero supón que no eres muy bueno en matemáticas y ciencias. Podrías ser capaz de aprobar la facultad de medicina pero, ¿es eso realista? ¿Cuántas clases de matemáticas necesitas aprobar en la facultad de medicina? ¡Vaya! Entonces se te dificultará mucho y puede que no alcances tu meta, porque puedes tener pensamientos constantes de «voy a renunciar» y simplemente no serás capaz de aprobar las clases de matemáticas.

Hay maneras en que puedes hacer una meta más realista. Quizás puedas tener tutoría adicional en matemáticas, o prepararte para un campo profesional diferente dentro del campo médico, que no requiera de tantas matemáticas. La psiquiatría requiere más matemáticas que la psicología. La enfermería general requiere menos matemáticas que la enfermería especializada.

Haz un plan para hacer tu meta más realista. Entonces considera dónde estás en este momento de tu vida. Esto te hará consciente de tu realidad «aquí y ahora».

Es difícil para alguien imaginarse comprar una casa de $1 000 000 si tiene un trabajo donde gana $43 000 al año. Así que puedes cambiar el valor del hogar que estás buscando, o trabajar para obtener un empleo mejor remunerado. Cualquiera de estas soluciones hará que la meta sea más realista.

Puedes fijar tu meta lo suficientemente alta para asegurarte que estarás satisfecho con tu logro. Pero si la meta está demasiado alta y fracasas, no te sentirás muy exitoso.

Por otra parte, si apuntas muy bajo tus habilidades, aunque alcances tu meta puede que no te sientas muy satisfecho con la experiencia. También puede que no sientas que has conseguido ninguna capacidad adicional, ni que seas exitoso. Considera el centro de una diana. Si tiras la flecha muy bien, pero estás a sólo un metro del blanco, fácilmente puedes dar en el centro. Pero no será muy satisfactorio para ti. Por otro lado, si te paras del otro lado de un campo de tiro, tu meta es más alcanzable y estirará tus habilidades de cierta manera; eso es realista para la mayoría de la gente. Sin embargo, si te vendas los ojos, la meta aún puede ser alcanzable, pero no muy realista.

Con las técnicas de PNL puedes abrirte a nuevas posibilidades. Lo que hayas podido considerar inalcanzable o poco realista puede volverse posible. Muchas veces tus propios miedos y dudas pueden oscurecer las metas o incluso hacerlas irrealizables. Una vez que eliminas tus miedos, las metas se vuelven muy realizables. Cuando comiences a alcanzar cosas que una vez pensaste que eran imposibles, tu confianza aumentará simultáneamente. Esto abre posibilidades mayores para ti. Estás construyendo sobre tu éxito, y estás llevando tu Obra Maestra al siguiente nivel de realización.

Regocijante/Rica (utiliza todos tus sentidos)

La única manera en que podemos experimentar nuestra realidad es mediante nuestros cinco sentidos. Cuando vivifiques tu meta y la evoques en tu mente, la experiencia es mucho mejor para tu inconsciente cuando utilizas la mayor cantidad de tus sentidos que te sea posible. Por ejemplo, si tu meta es tomarte unas relajantes vacaciones en una isla tropical, ve en tu mente el tenue atardecer y el profundo azul del mar, que es diferente al claro azul del cielo, contrastado por las pequeñas nubes blancas, como bolitas de algodón a la distancia; escucha el rítmico romper de las olas en la playa y el viento que se pasea suavemente entre las palmeras; siente el cálido acariciar del sol en tu rostro, calentando la tersa arena que acabas de dejar bajo tus pies; huele el salado aire del mar y prueba la deliciosa bebida que te han preparado, mientras te meces en esa hamaca con vista al mar.

Tu inconsciente no conoce la diferencia entre un recuerdo vivo del pasado, una experiencia que estás viviendo en el presente y una imagen intensa de algo que te imaginas experimentar en el futuro. Es muy sencillo para tu inconsciente crear lo que le pides cuando «ya lo ha vivido», aunque haya sido en tu imaginación. Crea en tu mente la imagen viva de la realización de tu meta, y satura tu mente inconsciente con esta realización.

Responsable (ecológica)

Ya hemos hablado de la ecología. Esto significa que al fijar tus metas consideras tu propio bienestar, el bienestar de todos los involucrados, el bienestar de tu comunidad y el bienestar del mundo.

En lo más profundo en tu mente inconsciente, hay una parte que está buscando la ecología. Si tu meta es ganar un millón de dólares, pero tienes que vender productos inferiores a la gente, es muy poco probable que lo logres, porque estás actuando en contra de tu revisión Ecológica.

Puedes decir: «Pero hay gente que está haciendo cosas que no son ecológicas.» Cierto. Pero realmente ¿cuán exitosos son, a la larga? Tarde o temprano, serán delatados y llevados ante la justicia, y realmente nunca disfrutaron del éxito y la satisfacción verdaderos.

En la página siguiente hay una hoja de trabajo que usamos en mis Seminarios de *Metas Certeras* y que doy a mis clientes particulares, que sirve como recordatorio y guía de estudio para usar los elementos de una meta bien formada.

Usar el proceso de la M.E.T.A.® mientras utilizas técnicas de PNL, puede mover montañas por ti. Estarás asombrado de lo fácil que puede ser alcanzar esas metas que has tratado de obtener toda tu vida, sin éxito.

Escribe metas para cada área de tu vida y usa esta hoja de trabajo de tu M.E.T.A.® para asegurarte que incluyas todos estos factores.

El Dr. César Vargas, es un doctor en hipnoterapia clínica con una próspera práctica de Coaching y una empresa internacional de capacitación en las áreas de éxito, logros y desarrollo humano. Es el autor de "Tu vida es tu obra maestra" (**www.TuVidaEsTuObraMaestra.com**), co-autor de "Descubre TU Grandeza", y traductor al español del libro de Joe Vitale "Mercadotecnia espiritual", el de Karol Truman "Los sentimientos que se entierran vivos nunca mueren", el de James Arthur Ray "La Ciencia del Éxito" y "La Espiritualidad Práctica", el de Bart Baggett "Secretos del éxito de los ricos y felices", el de Wallace D. Wattles "La Ciencia de Hacerse Rico" y el de Michael Stevenson "Aprende hipnosis… Ahora!" También ofrece talleres sobre algunos de estos temas en todo el país y en diferentes partes del mundo. Su sitio web principal es www.elpoderdetumente.com, donde se puede obtener una consulta gratuita de 15 minutos. También puedes contactarlo en Facebook en http://www.facebook.com/cesartrance

Hoja de Trabajo META®

M Mensurable
Mía (importante para mí)
Motivadora

E Específica
Elástica
Emocionante

T Tiempo, basada en el
Trascendente
Todas las áreas de tu vida

A Actual (como si ya fuera realidad
Alcanzable
Afirmativa

® Realista
Regocijante/Rica (utiliza todos tus sentidos)
Responsable/Ecológica

_____

_____

_____

_____

_____

_____

_____

CAPÍTULO DIEZ

LOS GOLPECITOS PARA EL ÉXITO
por Michael Stevenson

¿Qué es EFT?

EFT, o Técnicas para la Liberación Emocional, es una técnica de terapia basada libremente en las técnicas de la acupuntura o acupresión. Utiliza los mismos meridianos energéticos básicos del cuerpo para eliminar los problemas físicos, emocionales y mentales.

EFT equilibra el sistema energético del cuerpo para aliviar nuestros propios problemas. Es seguro, fácil y divertido, y puede ayudar a soltar las cosas que te apartan de la felicidad, el amor, la salud, la riqueza y otras cosas maravillosas en la vida.

Se basa en una técnica más compleja llamada TFT o Terapia de Campo Mental, creada por Roger Callahan. El fundador de EFT, Gary Craig, se dio cuenta, después de tomar cursos de Callahan, que podría simplificar mucho el procedimiento.

Gary enseñó EFT durante más de veinte años y le dio a miles de personas la llave para abrir las cadenas de la mediocridad en sus vidas. El manual completo de EFT de Gary Craig está disponible para descarga gratuita en emofree.com.

Eficacia de la EFT

EFT es eficaz para aliviar los bloqueos físicos, emocionales, mentales y energéticos. Se ha demostrado su eficacia para todo, desde hábitos menores como comerse las uñas hasta los hábitos de las principales adicciones como el tabaquismo y las drogas; desde dolores menores como la artritis hasta el dolor crónico, o desde las emociones de menor importancia como los temores hasta las mayores fobias.

Por cierto, EFT es tan eficaz, que el mantra en este campo es, "pruébala para todo." Sólo toma unos 90 segundos hacer un procedimiento de EFT, así que ¡dale una oportunidad!

¿Por qué funciona EFT para el éxito?

Hay dos componentes para atraer la riqueza a tu vida. Me refiero a ellos como "Las Grandes U". A menudo los pongo en mayúsculas porque son muy importantes. Uno es interno, y el otro es externo.

El primero es que eres una persona con dos mentes. Tu mente consciente es la parte que piensa. Es la parte lógica, protectora que analiza el medio ambiente y toma decisiones. Es la parte de tu mente con la que estableces tus metas —tu "Fijadora de metas". Sin embargo, tu mente inconsciente es más importante para el proceso de lograr tu meta. Tu mente inconsciente es la parte emotiva, imaginativa, creativa, donde se guardan todos tus recuerdos, creencias, valores y enseñanzas. Tu mente inconsciente automáticamente se mueve hacia tus metas cuando está alineada. Es la "Cumplidora de metas".

Los problemas surgen cuando estás desalineado. Si tu mente consciente dice "Quiero más dinero," pero tu mente inconsciente dice, "Los ricos son codiciosos," tendrás una profunda necesidad inconsciente de no alcanzar esa meta, porque no quieres ser malvado. Va en contra de tus valores inconscientes. Hagas lo que hagas conscientemente, sabotearás esos resultados.

Cómo funciona

Imagina que quitas la parte trasera de tu televisor. Adentro, verías cables, electrónica, circuitos, etc.

Si metieras un destornillador dentro de esos componentes electrónicos, interrumpirías el flujo de energía, el televisor haría

"¡Zzzzt!" y la imagen desaparecería.

Eso es lo mismo que sucede en tu cuerpo cuando sientes una emoción negativa.

EFT afirma que, "La causa de toda emoción negativa es un trastorno en el sistema energético del cuerpo".

Para experimentar una emoción negativa, tenemos una experiencia negativa, o un recuerdo negativo. El sistema energético se interrumpe, y entonces sentimos esa interrupción y la llamamos "emoción negativa."

Para equilibrar este sistema, lo único que tenemos que hacer es "sintonizar con" la energía del problema, y equilibrar esa interrupción.

La Receta Básica

Igual que para hornear un pastel, con EFT, tienes una receta. Y es muy simple.

La receta consiste de tres rondas.

1. La Preparación
2. La Secuencia
3. Las Sugestiones

Aunque las versiones más antiguas de EFT tenían más pasos, esta versión más nueva y simplificada es realmente más fácil de usar y más eficaz.

La clave en EFT no es necesariamente la técnica sino la persistencia.

Antes de iniciar el proceso, siempre obtén un indicador del problema en una escala de cero a diez. Esto ayuda a mostrar el progreso en cada ronda de tapping (golpeteo).

La Preparación

La Preparación es vital para todo el proceso y prepara el sistema energético para que la receta básica pueda hacer su trabajo.

La Preparación está diseñada para asegurar que tu sistema energético está correctamente orientado antes de tratar de eliminar sus trastornos y corrige el "Revés Psicológico," o una "Inversión de Polaridad" del sistema energético.

El Revés Psicológico es una inversión del sistema energético del cuerpo. Igual que las pilas del control remoto no funcionan si las ponemos al revés, tu propio sistema energético no funcionará correctamente si la polaridad está invertida.

Debido al Revés Psicológico (RP) algunas enfermedades son crónicas y no responden bien a tratamientos convencionales. El RP es, literalmente, la causa del auto sabotaje y las emociones saboteadoras. Provoca pensamientos y comportamientos contra-producentes, así que debemos corregirlo.

Comienza con una afirmación mientras haces tapping (golpeteas) en el punto de karate en el borde de tu mano:

"Aunque tengo este (problema), me acepto profunda y completamente."

Para hacer la preparación, repite esta frase tres veces mientras haces tapping (golpeteas) el punto de karate en el borde de cualquiera de las dos manos.

La Secuencia

La secuencia de EFT es una versión altamente optimizada de los puntos de tapping de TFT. En lugar de hacer horas de prueba muscular para descubrir dónde estimular, estimulas todos —¡sólo toma un minuto! Los puntos son:

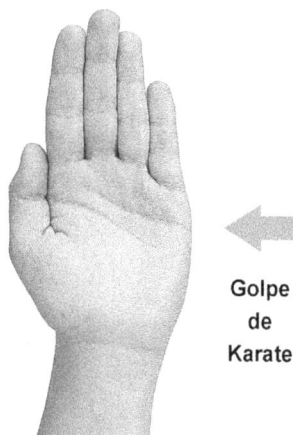

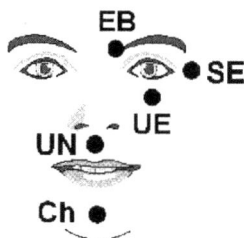

Golpe
de
Karate

- Ceja (EB)
- Esquina del ojo (SE)
- Debajo del ojo (UE)
- Debajo de la nariz (UN)
- Mentón (CH)
- Clavícula (CB)
- Bajo el Brazo (UA)
- Parte superior de la cabeza (TH)

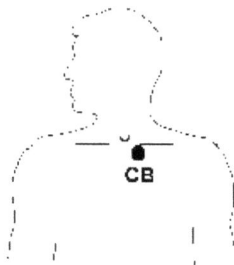

Cada vez que estimulas el punto, golpetea de 7 a 10 veces, repitiendo cada vez el nombre del problema que especificaste en la Preparación. Por ejemplo "este dolor de cabeza, este dolor de cabeza, este dolor de cabeza."

Las Sugestiones

Esta parte de la receta es igual que la última, excepto que en vez de repetir el problema, repites sugestiones positivas en cada punto. Nuevamente, los puntos son:

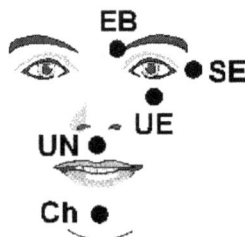

- Ceja (EB)
- Esquina del ojo (SE)
- Debajo del ojo (UE)
- Debajo de la nariz (UN)
- Mentón (CH)
- Clavícula (CB)
- Bajo el Brazo (UA)
- Parte superior de la cabeza (TH)

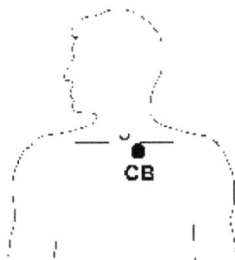

Cada vez que estimulas el punto, golpetea de 7 a 10 veces, repitiendo cada vez sugestiones positivas. Por ejemplo, "Mi cabeza se siente muy bien, Estoy tranquilo y descansado, Paso el día controlando mis sentimientos, etc."

Siguientes Rondas

En muchos casos, EFT eliminará un dolor, emoción o temor con una o dos rondas. Si rondas repetidas no eliminan por completo el problema, hay dos vías que puedes tomar.

Concentrarte en lo que queda del problema

Repite la receta básica; concentrándote esta vez en el resto del problema.

La Preparación:*"Aunque aún tengo una parte de este (problema), me acepto profunda y completamente."*

La Secuencia:*"El resto del (problema)."*

Concentrarte en los aspectos

Puede haber diferentes aspectos de cada problema. Por ejemplo, el Estrés Post Traumático puede alimentarse de muchos recuerdos diferentes. Puedes tener que repetir la receta básica con cada recuerdo hasta llegar a cero para eliminar el problema.

Alguien con una fobia al agua puede no ser capaz de acercarse a más de 10 metros de una piscina. Después de hacer tapping en el problema, puede ser capaz de acercarse a 5 metros de la piscina antes de tener la respuesta. Estimula sobre ese problema como otro aspecto. Luego, puede ser capaz de meterse sólo hasta la altura de sus rodillas. Estimula sobre eso como un aspecto, hasta que la fobia haya desaparecido del todo.

Michael Stevenson es Instructor certificado, terapeuta y orientador de Orange County, California.

Este capítulo es un resumen del libro de Michael, *Tapping into Wealth with EFT*, disponible en **www.transformdestiny.com**

118

Una revisión final y tu llamado a la acción
por el Dr. César Vargas

Ahora tienes todo lo que necesitas, y más, para desatascar tu vida y crear una que ni siquiera has soñado, llena de posibilidades y logros. Es hora de actuar inmediatamente. En mis cursos de Fijar Metas, uno de los compromisos que asumen las personas exitosas es hacer ALGO en las primeras 24 horas de fijar una meta para el logro de ese objetivo.

Estoy seguro de que has fijado metas antes y no tomaste medidas al respecto, y por lo tanto no las alcanzaste. Si ese es el caso, has acostumbrado tu mente subconsciente a tu Estado de Soñar Despierto.

Pero, cuando en realidad Actúas… una acción rápida, inmediata y dirigida… es como una sacudida a tu mente subconsciente, que piensa, "Oh, esto es real, ahora. Esto NO es soñar despierto… Ahora sí vamos en serio. ¡Muy bien!" Por lo tanto, decide AHORA qué vas a hacer dentro de las próximas 24 horas para desatascar tu vida Ahora. Entonces hazlo. ¡Agéndalo! Ponlo en tu Crackberry^NO-TM / youPhone^NO-TM u otro dispositivo de programación y, ¡Hazlo!

Recuerda, la gente exitosa toma muchas decisiones, las toma rápido, y las sigue hasta que las realiza. Como eres una persona exitosa, ahora vas a programar y lograr tu éxito… ¡Vas a DesAtascar tu Vida Ahora! Sal de tu zona de confort y ¡Hazlo! Ten en cuenta que "Expandiendo tu zona de confort, se ampliará el tamaño de tus ingresos y tu zona de riqueza".

Mantente en la Causa de todo lo que ocurre en tu vida, y todo lo que entre en tu consciencia. Encuentra lo que te motiva, y HAZLO. ¿Te motiva más buscar las cosas que quieres o evitar las que no quieres? ¡Capitalízalo!

Práctica obtener rapport con los demás, por diversión y para tu beneficio. Es fácil y sólo requiere una práctica diaria de la sincronización y espejeo. Toma las riendas de tu vida, recurriendo a tus valores más altos, y ligando los resultados a esos valores. Pon tus resultados y objetivos en perspectiva eligiendo el tamaño del fragmento adecuado para una acción inmediata y de gran alcance, y sintoniza tu televisor personal para tener un mayor deseo de esas metas y resultados... Haz que sean Irresistibles y Convincentes.

Identifica los estados y anclajes que te están deteniendo y manteniendo atascado, y crea nuevos anclajes que te fortalezcan y te impulsen hacia lo que quieres. Sigue construyendo sobre tu Círculo Personal de Poder y agrégale continuamente nuevos estados positivos, potentes y fortalecedores.

Fija tus METAS®, y establece metas para cada área de tu vida. Luego... ¡ACTÚA!

Y si, a medida que avanzas en tu vida, un éxito tras otro, llegaras a tener la necesidad de eliminar el estrés y la ansiedad con tapping, ahora tienes las herramientas para hacer precisamente eso. Por favor, pruébalo para todo. Te aseguro que será una grata sorpresa.

Quiero saber de ti. Por favor, contáctame en Facebook
http://www.facebook.com/cesartrance o
en mi sitio web www.desatascado.com.

¡Me pregunto qué harás con tu vida ahora que te has DesAtascado!

¡Te deseo un Éxito Enorme!

Dr. César Vargas

HOJA DE PEDIDO AL REVERSO

VIP

HOJA DE PEDIDO

Deseo obtener más ejemplares de *Desatascado: Manual del propietario para el éxito* para mí y/o para mis familiares, amigos y demás personas a quienes les interesa el éxito.

Nombre: _____

Domicilio: _____

Ciudad: _____ Edo.: _____

País: _____ C.P.: _____

Correo electrónico (para confirmación): _____

Comentarios (adicionales al reverso): _____

Cantidad _____ X $12.95 (USD)   **Subtotal $_____**

Envío y manejo   EE.UU. y Canadá $ 7.50

                      A América Latina $ 12.50

                      Resto del mundo   Preguntar

Email: info@desatascado.com

Total adjunto (USD) $_____

Envíe esta hoja con su pago a:

VERITAS INVICTUS PUBLISHING
8502 East Chapman Avenue # 302
Orange, California 92869
United States

Para comprar por Internet con tarjeta de crédito, visite:
www.Desatascado.com